JUNTOS PERO NO ATADOS

M. Mercè Conangla y Jaume Soler

JUNTOS PERO NO ATADOS

La pareja emocionalmente ecológica

© 2005, 2008, M. Mercè Conangla Marín y Jaume Soler
Publicado originalmente por Editorial Amat, S.L. en 2005
© de esta edición: 2008, RBA Libros, S.A.
© Cubierta: Opalworks
Santa Perpètua, 12 - 08012 Barcelona
rba-libros@rba.es / www.rbalibros.com

Primera edición en bolsillo: febrero 2008

Para mayor información y/o
contactar con los autores:
www.fundacioambit.org
www.ecologiaemocional.com
ecologiaemocional@yahoo.es

Ref.: OBOL160 / ISBN: 978-84-9867-074-5
DEPÓSITO LEGAL: B-6.587-2008
Composición: Manuel Rodríguez
Impreso por Novoprint (Barcelona)

ÍNDICE

PRESENTACIÓN   15
INTRODUCCIÓN: *Las matemáticas en la pareja*   17

PRIMERA PARTE: ESPACIO AMOR

1. EL AMOR ESENCIAL.   23
   Con visión de futuro   23
   Deseo, atracción y vínculo   24
   Un cuento para empezar   26
   Partir de la libertad   28
   Un punto de llegada.   29
   Construirnos más «amables»   30
   El amor no se encuentra.   31
   El amor es insondable   32
   Para que AMOR funcione   32
   Necesidad no es amor   35
   Sacrificio no es amor   36
   Egoísmo parásito   38
   Amar sólo a una persona es depender   39
   Sobre el amor incondicional.   40
   Una cuestión de confianza   41
   Brazos abiertos.   41
   El miedo a amar.   42

Pequeño cuento de amor   44
Arriesgarse.   45
Actualizar el amor en amar   46

2. DEL YO...   49
El deber individual de crecer   49
Partir de la autonomía y la individualidad   51
La responsabilidad de mantenernos a salvo   52
El proyecto.   54
Construir un «ser completo»   56
Aprender a vivir solos para poder vivir en pareja. . .   58
El encuentro.   59
El enamoramiento   60
En-amor-miento.   61
El bosquejo   62
La elección de pareja   63
Las creencias desadaptativas   64
    Sobre «medias naranjas y almas gemelas»   65
    Del amor eterno.   66
    Sobre la exclusividad   68
    Llenaré todo su mundo   70
    Yo lo cambiaré.   71
El despertar: del enamoramiento al amor.   72
El amor siempre gana.   74
El acompañamiento   75
¿Personas «inteligentes» que escogen mal?.   76
Un complemento esencial.   79
Los contagios emocionales y conductuales.   80
    Dime con quién andas y te diré quién eres   81
    Dime con quién andas y te diré quién vas a ser. . .   81

3. ... AL NOSOTROS   85
No hay horizonte.   85

Decir pareja no es decir amor. 86
Crear: construir una nueva nación 87
De donde yo vengo 89
El proyecto de pareja creativo 90
Amor perdurable 92
El misterio 92
La sorpresa 93
La reciprocidad 95
La incertidumbre 96
Lo que no se dice 97
Te quiero por ser quien eres. 99
¿Estereotipos o tendencias? 101
Seguir prestando atención 102
La acción necesaria 104

SEGUNDA PARTE:
CONVIVENCIA DE PAREJA. ¿CAOS O COSMOS?

4. SOBRE TERRITORIOS, LÍMITES Y FRONTERAS 109
El instinto territorial 109
El espacio de crecimiento 111
Los límites necesarios. 114
¿Quién fija nuestros límites? 117
Las fronteras 118
Dos seres, no uno. 120
Inseguridad asfixiante 121
Las reglas del juego 122
Los programas límbicos. 122
La dialéctica «espacio, estatus y poder» 125
    La parábola de los erizos 127
Distancias y comunicación. 128
    ¿Por qué la gente se grita? 129
    Privacidad 130
    Intimidad. 131

  Contacto, con-tacto 133
  El sexo. 135
  El placer. 137
 Con-vivir 138

5. LA DESCOORDINACIÓN AMOROSA. 145
 Ritmos descompasados 145
 No quiero enamorarme. Ahora, no 148
 Creces a una velocidad que te pierdo: Ritmos
  desincronizados 150
 El caracol y el rosal o sobre el pensar y el ser. 152
 Cuando ya no se puede volver atrás. 154
 El caos de la pareja 155
 Cuando la pareja es como un hijo o una hija o como
  un padre o una madre 158
 El autismo comunicativo 160
 Diales distintos. 162
 La aquiescencia como forma de conservar la energía 165
 Elógiame para que me quede contigo. 167
 Dominio y prisiones. 168

6. DE LA GESTIÓN EMOCIONAL DESADAPTATIVA... 173
 Por una noche de pasión 173
 Cuando finalizan los cuentos 174
 El origen de los problemas. 176
 Atrapados en nuestras creencias. 178
 Cuando no se parte de un «yo íntegro» 178
 La contaminación emocional 181
 Rojo sobre fondo gris. 191
 Agujeros en la capa de ozono afectiva 193
 Tala indiscriminada de afectos. 194
 La rutina mata el amor 195
 La confusión del amor 198

La soledad en compañía: Un espacio en la frontera
de la resignación 199
La tragedia de aferrarse 201
La ruptura unilateral de contrato 202
Los destrozos 203

7. ...A LA GESTIÓN EMOCIONAL ECOLÓGICA 209
El amor, una especie emocional protegida 209
Las tres leyes básicas de la *ecología emocional* 211
Siete principios para la gestión ecológica
de las relaciones de pareja 214
La pareja ideal 219
Energías emocionales ecológicas 220
Vitaminas emocionales. 221
Conservas emocionales 224
Darse cuenta 226
Espacios protegidos: las reservas naturales. 227
El espacio de soledad 227
La ternura 228
El silencio 229
La gestión ecológica de las crisis emocionales
de pareja 230
Auditoría emocional: un balance de la relación . . 230
El mapa de decisión. 231
Crisis = oportunidad 233
Luz en la oscuridad 234
El compromiso de no salir huyendo. 235
Yo soy así, pero puedo ser de otra forma 236
El momento de clarividencia 237
La acción reparadora de «dar la vuelta» 239
La libertad de abandonar la relación de pareja. . . 241
Aquí está el problema 242
Abrirse a nuevas relaciones 243

La responsabilidad de darnos otra oportunidad   244
Un hoyo en mi acera o la necesidad de aprender   246

8. OTRAS VISIONES............................   249
¿Sexo, amor y matrimonio?....................   249
Pareja sin matrimonio.......................   251
Pareja sin procreación.......................   252
Sobre la confianza, la fidelidad y la lealtad.......   254
Cuestión de confianza....................   255
Se puede ser fiel a muchas cosas............   257
Fidelidad y monogamia...................   257
La letanía del monógamo..................   259
Triángulo isósceles...........................   259
Nadie es dueño de nadie..................   261
De la teoría a la práctica.................   263
¿Pareja «abierta»?.......................   265
¿Y después de una infidelidad?.............   268
Con la luz encendida.....................   269

EPÍLOGO.....................................   275
BIBLIOGRAFÍA.................................   277

*A los que arriesgan a aventurarse
en la construcción del amor
sin renunciar a ser ellos mismos.*

PRESENTACIÓN

«DE LA FAMILIA OBLIGADA A LA FAMILIA ESCOGIDA» es una trilogía que tiene como objetivo revisar las relaciones que establecemos dentro de la familia partiendo de la relación de pareja, abordando la de padres e hijos y, finalmente, replanteando el tema de la familia y sus dinámicas relacionales. Lo cierto es que todos queremos mejorar estas relaciones que nos hacen reír y llorar, que nos muestran lo peor y también lo mejor de la vida.

Lo peor, porque a veces son patológicas y fuente de mucho dolor ya que, para mantenerlas, podemos llegar a renunciar a ser quienes somos. El precio es el más caro que puede llegar a pagarse: negarse y abandonarse a uno mismo. Como compensación, a cambio de la renuncia, podemos conseguir una falsa seguridad, comodidad y mantener la ilusión de «ser amados». Aun así, el dolor no desaparece.

Lo mejor de la vida, porque nos pueden ofrecer un entorno afectivo donde podamos ser nosotros mismos sin tener que recurrir a máscaras de protección que escondan nuestra vulnerabilidad. Lo mejor porque, en un entorno familiar positivo, podemos ser lo que somos e intentar llegar a ser lo que podemos ser; porque allí podemos crecer y construirnos más humanos, generosos, amorosos y valientes.

Los tres libros que constituyen esta trilogía son:

- *Juntos pero no atados* (la pareja emocionalmente ecológica)
- *Ámame para que me pueda ir* (padres e hijos desde la Ecología Emocional)
- *Juntos pero no revueltos* (la familia emocionalmente ecológica)

En este primer libro de la trilogía: *Juntos pero no atados*, vamos a centrarnos en el mundo de la pareja. No elegimos a nuestros padres y tampoco cómo serán nuestros hijos —aunque escojamos tenerlos— pero sí que escogemos a nuestra pareja. De ello se deduce que somos responsables de esta relación y de los resultados que de ella se deriven. ¿Es posible una convivencia de pareja emocionalmente ecológica? Así lo creemos. El título *Juntos pero no atados* define bien el planteamiento del libro que habéis empezado a leer. Vivir en pareja no es un camino fácil y tampoco la garantía de nada. Pero es una aventura con muchos caminos posibles y una oportunidad de crecer que apela a la libertad del ser humano y a su responsabilidad.

En este libro proponemos construir una relación que permita a cada persona seguir siendo ella misma a la vez que comparte un proyecto de construcción conjunto del espacio «pareja». Sólo en un entorno de libertad responsable puede crecer el buen amor. ¡Este es el reto que os proponemos!

LOS AUTORES

INTRODUCCIÓN

LAS MATEMÁTICAS EN LA PAREJA

QUEREMOS DECIRLO ALTO Y CLARO: El problema de que las cosas no vayan bien no reside en la pareja sino en las personas que la forman. Una pareja está compuesta por dos seres más o menos equilibrados, más o menos sanos, más o menos inteligentes a nivel emocional, más o menos creativos, más o menos conscientes y más o menos maduros.

El resultado del *todo* va a depender de cada una de las *partes* y, muy especialmente, del *tipo de relación* que se establezca entre ellas. Como en las matemáticas, la *relación entre los factores determina el producto.*

PREMISA 1: Cada uno de nosotros aportamos a la pareja lo que somos. No podemos aportar lo que no tenemos. Deducción: si cada uno mejora el valor individual de lo que aporta, mejorará el resultado final conjunto.

PREMISA 2: No siempre dos aportaciones individuales valiosas van a dar un buen resultado final en la ecuación de pareja. Afirmación: El resultado final dependerá especialmente de la *tipología de la relación* de pareja que se establezca.

Veamos algunos ejemplos de las matemáticas de pareja:

10 y 10 pueden dar resultados muy distintos según *cómo se relacionen* entre ellos:

10 + 10 = 20 (si la relación es la suma +)
10 — 10 = 0 (si la relación es de sustracción —)
10 ÷ 10 = 1 (si la relación es de división ÷)
10 × 10 = 100 (si la relación es de multiplicación ×)

Y podríamos continuar, ¿qué pasaría si se potenciaran...?

Una pareja puede sumar esfuerzos para mejorar. También puede ocurrir que dos personas —por otro lado magníficas, consideradas individualmente— debido al tipo de relación que han establecido disminuyan su potencial individual o acaben anuladas ambas (si restan).

Lo ideal es que la pareja cree sinergias. La *sinergia* es la energía de equipo o grupo multiplicada por sí misma. En este caso la pareja hace «equipo» para crecer juntos (multiplica o potencia).

Veamos las consecuencias de lo anterior aplicado a dos casos.

- Una persona que aporta 10 puede quedarse con 0 si su pareja no aporta nada a la relación: egoístas, comodones, narcisistas, rutinarios. Los que piensan que una vez han encontrado la persona, todo va a funcionar sin hacer nada.
- Dos personas con aptitudes que aún no han aflorado —no actualizadas— (pongamos dos 5) que se ayudan a crecer, estudian, comparten, se animan a emprender nuevos proyectos, se dan apoyo, son generosos... pueden funcionar de forma sinérgica como potencia. Pueden dar como resultado relacional = 3.125.

Repetimos: el reto de la pareja reside en dos factores que interaccionan. Uno es la aportación individual de cada miembro de la pareja en cada una de las áreas compartidas y también en las personales. El otro depende del tipo de relación que decidan crear: sinérgica y creativa o dependiente y pasiva.

Una relación no se podrá construir en ningún caso con los esfuerzos de uno solo. Sólo vamos a conseguir una pareja feliz y armónica si ambos trabajamos por ser personas felices y armónicas con pareja o sin ella.

CONCLUSIÓN: De aquello que aportamos —*lo que somos y nuestro potencial de mejora*— y del tipo de relación que establezcamos —*trabajo amoroso*— dependerán los resultados de nuestra relación de pareja.

PRIMERA PARTE

Espacio amor

Cuando el viento de primavera agita el amor,
toda rama que no esté seca, se pone a bailar.

MEVLANA RUMI

EL AMOR ESENCIAL

Si me está negado el amor, ¿por qué, entonces, amanece;
por qué susurra el viento del sur entre las hojas recién
nacidas?
    Si me está negado el amor, ¿por qué, entonces, la me-
dianoche entristece con nostálgico silencio a las estrellas?
    ¿Y por qué este necio corazón continúa, esperanzado
y loco, acechando el mar infinito?

RABINDRANATH TAGORE

CON VISIÓN DE FUTURO

Busco a la persona que sea capaz de amar al otro sin
castigarlo por ello, sin hacerlo prisionero o desangrarlo;
esa persona del futuro que sepa llevar a cabo un amor
independiente de ventajas o desventajas sociales, para
que el amor sea siempre un fin en sí mismo y no siempre
el amor con vistas a un fin.

Carl Jung expresaba este deseo en una de las cartas que forma
parte de su correspondencia con Sigmund Freud al inicio del
siglo pasado. El deseo de hallar una persona capaz de dar un

amor en estado puro no contaminado por otras finalidades. Después de casi un siglo, ¿en qué punto estamos? ¿Qué significa para nosotros el amor y qué supone el amar a principios del siglo XXI? ¿Nos hemos acercado o, al contrario, nos hemos alejado aún más del ideal de Jung? Os proponemos reflexionar sobre ello.

DESEO, ATRACCIÓN Y VÍNCULO

> *La A tiene las piernas abiertas. La M es un columpio que va y viene entre el cielo y el infierno. La O, círculo cerrado, te asfixia. La R está notoriamente embarazada.*
> *—Todas las letras de la palabra AMOR son peligrosas —comprueba Romy Díaz-Perera.*
> *Cuando las palabras salen de la boca, ella las ve dibujadas en el aire.*
>
> EDUARDO GALEANO

Los seres humanos, al enamorarnos, exhibimos tres emociones primarias: el deseo sexual, la atracción preferente hacia determinada pareja sexual y la relación afectiva o vínculo.[1] El *deseo sexual* nos mueve a buscar una pareja, la *atracción sexual* a elegir una y a esforzarnos por lograrla, y el *vínculo* nos permite permanecer unida a ella durante el tiempo necesario para la crianza de los hijos. Lo que ocurre es que estas tres emociones pueden darse al mismo tiempo y estar dirigidas a sujetos distintos, con lo cual esto puede ser una fuente de problemas. Así, hay quien puede sentirse vinculado a su pareja y, al mismo tiempo, sentirse atraído por otra persona o desear a más de una.

---

1. Helen Fischer, antropóloga.

Y si bien esta flexibilidad de apareamiento representaba para el hombre primitivo una ventaja evolutiva, ¿qué ocurre en la sociedad actual?

Deseo, atracción y vínculo son tres emociones que se incluyen en el amor romántico que todos conocemos. En nuestra educación se nos ha trasladado el mensaje de que debemos concentrar y mantener las tres emociones en una única persona durante toda la vida. Así ocurre que depositamos en ella todos nuestros deseos, emociones y expectativas de felicidad y placer. ¿Demasiado peso quizás? ¿Demasiada responsabilidad? ¿Dependen acaso estas emociones de nuestra voluntad? ¿Qué ocurre si las reprimimos? ¿Qué ocurre si nos dejamos llevar por ellas?

El amor romántico es la utopía de pareja que «se nos ha vendido» y que nosotros hemos comprado. Pero ¿es factible en el momento actual? ¿Cómo influye el alargamiento de la esperanza de vida en la posibilidad de mantener con éxito una única relación de pareja? En el siglo pasado prometer amor para toda la vida significaba convivir con la misma persona una media de treinta años. En el momento actual una pareja que inicia su convivencia a los veinticinco años pueden llegar a vivir juntos incluso sesenta años (si mantienen la pareja «hasta que la muerte les separe»).

¿Cuál es el precio de mantener estas largas relaciones? ¿Es deseable hacerlo? ¿Es conveniente? ¿Con cuánta patología, con cuántos desencuentros, a costa de cuánto dolor? Porque, aunque sea posible conciliar las tres emociones, en algunos casos, admitamos que se trata de algo bastante utópico y difícil de lograr. La sensación de «fracaso» por no conseguirlo genera enormes sentimientos de culpa, frustración y mucho sufrimiento. Quizá debamos revisar estos planteamientos. Quizá ya es momento de recuperar la esencia de lo que es el amor aplicado a la realidad del vivir en pareja. La Ecología Emocional tiene mucho que plantear al respecto.

Cuenta una vieja leyenda sioux que dos jóvenes llegaron cogidos de la mano a la tienda del viejo brujo. Toro Bravo era el más valiente y honorable de los jóvenes guerreros, y Nube Alta, la hija del cacique, una de las más bellas mujeres de la tribu.

—Nos amamos —dijo el joven.

—Y queremos casarnos —continuó ella.

—Y nos queremos tanto que tenemos miedo.

—Queremos un conjuro, un talismán.

—Alguna cosa que nos garantice que podremos estar siempre juntos.

—Que nos asegure que estaremos uno al lado del otro hasta encontrar a Manitú, el día de nuestra muerte.

—Por favor —repitieron—, ¿hay algo que podamos hacer?

El viejo brujo los miró y se emocionó al verlos tan jóvenes, tan enamorados y con tanto anhelo esperando su palabra.

—Hay una cosa... —dijo el viejo, después de una pausa—. Pero no sé... es una tarea muy difícil y sacrificada.

—No importa —dijeron los dos jóvenes.

—Lo que sea —reafirmó Toro Bravo.

—Bien —dijo el brujo—. Nube Alta, ¿ves la montaña al norte de nuestro pueblo? Debes escalarla tú sola y sin más armas que una red y tus manos. A continuación debes cazar el halcón más espléndido y vigoroso de la montaña. Si lo atrapas, debes traerlo vivo aquí el tercer día después de la luna llena. ¿Lo has comprendido?

La joven asintió en silencio.

—Y tú, Toro Bravo —continuó el brujo—, deberás escalar la montaña del Trueno y, cuando llegues a la cima, debes encontrar la más brava de todas las águilas. Sólo con tus manos y una red debes atraparla sin herirla y traerla aquí el mismo día en que vendrá Nube Alta. Y ahora, iros.

Los jóvenes se miraron con ternura y, sonriendo, salieron a cumplir su misión. Ella hacia el norte y él hacia el sur.

El día establecido, fuera de la tienda del brujo, dos jóvenes esperaban con sus respectivas bolsas de tela que contenían las aves solicitadas. El viejo les pidió que, con cuidado, las sacasen de las bolsas. Los jóvenes lo hicieron y mostraron los ejemplares cazados. Eran espléndidos, lo mejor, sin lugar a dudas, de sus respectivas estirpes.

—¿Volaban alto? —preguntó el brujo.

—Sí, sin duda. Tal y como nos pidió. ¿Y ahora qué? —preguntó el joven—. ¿Debemos matarlos y beber el honor de su sangre?

—No —dijo el viejo.

—Los cocinaremos y comeremos el valor de su carne —propuso la joven.

—No —repitió el viejo—. Haced lo que os diré: Coged las aves y las atáis entre ellas por las patas, con estas tiras de cuero. Cuando estén bien atadas, dejadlas volar libres.

El guerrero y la joven hicieron lo que el brujo les pedía y soltaron las aves. El águila y el halcón intentaron levantar el vuelo, pero sólo conseguían arrastrarse por el suelo. Unos minutos después, irritadas por su incapacidad, las aves empezaron a darse golpes con el pico y a agredirse entre ellas hasta hacerse daño.

—Este es el conjuro. Nunca olvidéis lo que habéis visto. Vosotros sois como un águila y un halcón: si os atáis el uno a la otra, aunque lo hagáis por amor, no sólo viviréis arrastrándoos sino que, tarde o temprano, empezaréis a haceros daño mutuamente. Si queréis que vuestro amor perdure, *volad juntos, pero nunca atados.*

> *Antes decían que el amor es gratis, pero nunca he oído una tontería mayor que esa. ¿Gratis el amor? Por el amor se paga el precio más alto.*
>
> TSURÁ SHALEV

Vivimos según determinados planteamientos. Dibujamos un mapa mental sobre lo que creemos que es la vida, el mundo, nosotros mismos y los demás. En función de este mapa elegimos caminos, tomamos decisiones, y pasamos a la acción. Y los resultados que vamos a obtener dependerán, en buena parte, de si nuestra elección se fundamenta en la libertad o en la coacción, en la autonomía o en la dependencia, en la posibilidad de ser y crecer o en la impotencia.

Partir de nuestra libertad interior nos permitirá iniciar una ruta de respeto y reconocimiento de las personas que encontraremos en nuestro camino y con las que compartiremos una parte del trayecto. Partir de la libertad interior supone tener presente que *nuestro camino es el nuestro y que su camino es el suyo,* aunque hayamos coincidido. También significa ser conscientes de que, en algún momento, nuestras líneas de ruta se pueden separar y que deberemos estar preparados para decir adiós cuando esto suceda.

Quizá podamos conservar o retener algunas de estas personas a nuestro lado si dedicamos tiempo y energía en cortar sus alas, minar su autoestima, y convencerles de que nos necesitan; si les aseguramos repetidamente que no tienen suficiente criterio para tomar sus decisiones, dirigir su vida y de que no van a tener la fuerza necesaria para soportar las consecuencias de los errores que puedan cometer. Tal vez no nos dejen si las atamos con fuertes cuerdas de sentimientos de culpa, las cargamos de facturas afectivas a pagar o bien de obligaciones derivadas de nuestra dedicación a esta relación.

Puede ser que hayamos elegido como ideal de vida mantener unos lazos familiares fuertemente tejidos y amarrados para sentirnos a salvo de la soledad y seguros ante la inconsistencia y tendencia al caos de parte de nuestro mundo. Pero ¿qué ocurriría si fuéramos capaces de ser sinceros con nosotros mismos y nos preguntásemos qué es lo que nos une realmente a nuestra pareja, padres, hijos y familiares? ¿Seríamos capaces de responder de forma honesta a esta cuestión? ¿El nexo de unión serían los sentimientos de culpa, de deuda, de obligación? ¿Sería nuestra necesidad de seguridad? O más bien, ¿se basaría en el amor generoso, el cariño, el respeto, la solidaridad y la libertad?

Estas son algunas cuestiones de base que vamos a tratar. Os proponemos reflexionar sobre un tema tabú, por lo revolucionario: *amar desde la libertad y en libertad*. Sólo partiendo de nuestra libertad interior seremos capaces de dar un amor que libere y crear vínculos que unan en lugar de cadenas que aprisionen. Se trata de volar juntos —si así lo elegimos— sin las prisiones de la perversión de un mal llamado amor.

UN PUNTO DE LLEGADA

> *Al final del camino me dirán:*
> *¿Has vivido? ¿Has amado?*
> *Y yo, sin decir nada,*
> *abriré el corazón lleno de nombres.*

PERE CASALDÁLIGA

Preguntaron a un viejo sabio chino:
—¿Qué es la ciencia?

Él respondió:

—La ciencia es conocer a la gente.

Le volvieron a preguntar:

—¿Qué es la virtud?

Él respondió:

—La virtud es amar a la gente.

Nuestra vida vale lo que valen nuestros amores. El amor es un punto de llegada y nunca un punto de partida. Es el sentimiento más importante, el mejor que podemos dar y recibir; nuestra más profunda aspiración, nuestra única realización en libertad. Dejar al amor fuera de nuestra vida sería un acto muy poco inteligente. Decidir amar es decidir vivir.

Para dejar entrar el amor en nuestra vida es preciso estar abiertos a la sorpresa que supone su descubrimiento. Para amar de verdad debemos atravesar el umbral del miedo, ser creativos, correr riesgos y dejar que el corazón vaya a su paso. El amor pide asumir el hecho de que somos vulnerables y aprender a confiar.

CONSTRUIRNOS MÁS «AMABLES»

> *Estar contigo o no estar contigo*
> *es la medida de mi tiempo.*
>
> JORGE LUIS BORGES

Si queremos amor debemos construirnos más *amables*, es decir, más fáciles de amar. Realmente, hay personas difíciles de amar: nos pueden enamorar, nos pueden atraer, pero no se dejan amar, porque ellas mismas no se aman, y como consecuencia, no saben dar ni aceptar amor. Construirnos más «amables» es la base esencial para mantener relaciones de calidad.

Los idiotas sentimentales[2] fracasan en sus relaciones amorosas porque son incapaces de apreciar el valor del otro y de la relación conjunta. Puede que tengan éxito profesional, pero viven tan centrados en sí mismos y en sus propias necesidades que no entienden nada que tenga que ver con emociones. Valoran tan sólo el dinero, el poder o la comodidad. Los idiotas sentimentales son difícilmente «amables», aunque, inicialmente, puedan tener una gran capacidad de atracción. Posiblemente nos enamoren pero, con ellos, será realmente difícil pasar de la etapa de enamoramiento a la de construcción de un amor conjunto. Para ser amados es necesario hacernos *amables*.

EL AMOR NO SE ENCUENTRA

> *El amor es la preocupación activa por la vida*
> *y el crecimiento de la persona que amamos.*
>
> ERICH FROMM

El amor ni existe ni se encuentra. Se construye a fuerza de amar y esta construcción, una vez iniciada, nunca puede darse por finalizada. Necesita un constante mantenimiento y renovación puesto que puede derrumbarse de no hacerlo. Quien inicia el trabajo de amor es alguien que estará permanentemente «en obras».

El amor no depende de la voluntad, ya que no podemos forzarnos a sentir amor. Pero, en cambio, necesita voluntad para convertirse en *amar*. Adquiere su forma a través de conductas que lo alimentan y lo hacen crecer: conocimiento, respeto, co-

---

2. Concepto formulado por Erich Fromm en su libro *El arte de escuchar*.

municación, responsabilidad y cuidado. Todas ellas son piezas esenciales para su desarrollo. Amar es un arte y un acto de creación.

EL AMOR ES INSONDABLE

Preguntaron a Zenón de Elea, discípulo de Parménides, si los sabios podían enamorarse.

—¡Claro que sí! —contestó Zenón.

—¿Entonces los sabios actúan igual que los tontos y los necios? —le preguntaron.

—Ni mucho menos —respondió el filósofo—, los necios creen saber por qué aman, los tontos incluso dan sus razones, pero sólo los verdaderos sabios saben que no las hay, que nadie sabe por qué entra el amor y por qué sale.

Enamorarse es algo involuntario y fácil. Construir el amor es voluntario y difícil, como todo arte. Pide tiempo, dedicación, paciencia, disciplina, esfuerzo, comunicación, responsabilidad, cuidado y respeto al misterio del otro. No sabemos con exactitud las razones por las que nos enamoramos pero es esencial saber *para qué* vamos a cultivar el arte del amor en pareja.

PARA QUE AMOR FUNCIONE

CLIENTE: ¿Sí? ¿Estoy llamando al departamento de Atención a Clientes?

EMPLEADO: Así es. Buenos días. ¿En qué puedo ayudarle?

CLIENTE: Estuve revisando mi equipo y encontré un sistema que se llama AMOR, pero no funciona. ¿Me puede ayudar con eso?

EMPLEADO: Seguro que sí. Pero yo no puedo instalárselo; tendrá que instalarlo usted mismo. Yo lo oriento por teléfono, ¿le parece?

CLIENTE: Sí, puedo intentarlo. No sé mucho de estas cosas, pero creo que estoy listo para instalarlo ahora. ¿Por dónde empiezo?

EMPLEADO: El primer paso es abrir su CORAZÓN. ¿Ya lo localizó?

CLIENTE: Sí, ya. Pero hay varios programas ejecutándose en este momento, ¿No hay problema para instalarlo mientras siguen ejecutándose?

EMPLEADO: ¿Cuáles son esos programas?

CLIENTE: Déjeme ver... Tengo DOLORPASADO.EXE, BAJAESTIMA.EXE, RENCOR.EXE y RESENTIMIENTO.COM ejecutándose en este momento.

EMPLEADO: No hay problema. AMOR borrará automáticamente DOLORPASADO.EXE de su sistema operativo actual. Puede que se quede grabado en su memoria permanente, pero ya no afectará a los otros programas. AMOR eventualmente reemplazará BAJAESTIMA.EXE con un módulo propietario del sistema llamado ALTAESTIMA.EXE. Sin embargo, tiene que asegurarse de cerrar completamente los siguientes programas: RENCOR.EXE y RESENTIMIENTO.COM. Estos programas evitan que AMOR se instale adecuadamente. ¿Los puede cerrar?

CLIENTE: No sé cómo cerrarlos. ¿Me puede decir cómo?

EMPLEADO: Con gusto. Vaya al menú INICIO y active PERDÓN.EXE. Ejecútelo tantas veces como sea necesario hasta que RENCOR.EXE y RESENTIMIENTO.COM hayan sido borrados completamente.

CLIENTE: OK... listo. AMOR ha empezado a instalarse automáticamente. ¿Es esto normal?

EMPLEADO: Sí. En breve recibirá un mensaje que dice que AMOR estará activo mientras CORAZÓN esté vigente. ¿Puede ver ese mensaje?

CLIENTE: Sí, sí, lo veo. ¿Ya se terminó la instalación?

EMPLEADO: Sí, pero recuerde que sólo tiene el programa base. Necesita empezar a conectarse con otros CORAZONES para poder recibir actualizaciones.

CLIENTE: Oh, oh... Ya me apareció un mensaje de error. ¿Qué hago?

EMPLEADO: ¿Qué dice el mensaje de error?

CLIENTE: Dice «ERROR 412 – PROGRAMA NO ACTIVO EN COMPONENTES INTERNOS». ¿Qué significa eso?

EMPLEADO: No se preocupe, ese es un problema común. Significa que AMOR está configurado para ejecutarse en CORAZONES externos, pero no ha sido ejecutado en su CORAZÓN. Es una de esas cosas técnicas complicadas de la programación, pero en términos no técnicos significa que tiene que «AMAR» su propio equipo antes de poder «AMAR» a otros.

CLIENTE: Entonces, ¿qué hago?

EMPLEADO: ¿Puede localizar el directorio llamado «AUTOACEPTACIÓN»?

CLIENTE: Sí, aquí lo tengo.

EMPLEADO: Excelente, aprende rápido.

CLIENTE: Gracias.

EMPLEADO: De nada. Haga «clic» en los siguientes archivos para copiarlos al directorio MICORAZÓN: AUTOPERDÓN.DOC, AUTOESTIMA.TXT, VALOR.INF y REALIZACIÓN.HTM. El sistema reemplazará cualquier archivo que cree conflicto y entrará en un modo de reparación para cualquier programa dañado. También, debe eliminar AUTOCRÍTICA.EXE de todos los directorios, y después borrar los archivos temporales y la papelera de reciclaje, para asegurar que nunca se active.

CLIENTE: Entendido. ¡Hey! Mi CORAZÓN se está llenando con unos archivos muy bonitos. SONRISA.MPG se está desplegando en mi monitor e indica que CALIDEZ.COM, PAZ.EXE y FELICIDAD.COM se está replicando en todo mi CORAZÓN.

EMPLEADO: Eso indica que AMOR está instalado y ejecutándose. Una cosa más antes de colgar...

CLIENTE: ¿Sí?

EMPLEADO: AMOR es un software sin costo. Asegúrese de darlo, junto con sus diferentes módulos, a todos los que conozca y encuentre.

NECESIDAD NO ES AMOR

No hay equilibrio entre nosotros
porque tú estás muy hambrienta y yo muy saciado.

TSRUYÁ SHALEV

Cuando la ausencia del otro nos duele en todo el cuerpo, cuando sólo su presencia nos llena... ¿es amor o dependencia? Porque no es lo mismo «necesitar amar a fin de sentirnos bien», que «elegir amar porque nos sentimos bien».

Adicción es cualquier cosa que reduce la vida mientras que la hace parecer mejor.[3] A veces buscamos lo que a nosotros nos falta y deseamos tener y, cuando encontramos a alguien que reúne estas cualidades, lo queremos retener en exclusiva,

---

3. Clarissa Pinkola Estés.

35

puesto que nos aporta algo de lo que carecemos. Aquí se inicia la dependencia. Una persona se convierte en la víctima de las víctimas cuando su necesidad de ser amada eclipsa su necesidad de ser respetada.

Es maravilloso poder compartir libremente con alguien nuestras emociones, ideas o actividades, pero es muy peligroso que, sin su presencia, nos sintamos infelices y no podamos prescindir de él.

SACRIFICIO NO ES AMOR

Los que consideran su amor como un sacrificio invariablemente quieren que se les recompense por él.

Uno de los malentendidos clásicos sobre el amor pasa por la creencia de que el amor supone sacrificio. Pero el sacrificio es una forma de deterioro del amor. No debemos confundir generosidad hacia el otro con estar dispuestos a sufrirlo todo para demostrarle nuestro amor. No es amor aguantarlo todo ni renunciar a nuestra propia evolución y proyecto vital. Si así lo hacemos, dejamos de respetarnos y, para amar bien, el respeto, el cuidado y el amor por nosotros mismos son requisitos esenciales.

Se cuenta que una bella princesa estaba buscando consorte. Aristócratas y adinerados señores habían llegado de todas partes para ofrecer sus maravillosos regalos. Joyas, tierras, ejércitos y tronos conformaban los obsequios para conquistar a tan especial criatura.

Entre los candidatos se encontraba un joven plebeyo que no tenía más riqueza que amor y perseverancia. Cuando le llegó el momento de hablar dijo:

—Princesa, te he amado toda mi vida. Como soy un hombre pobre y no tengo tesoros para darte, te ofrezco mi sacrificio como prueba de amor. Estaré cien días sentado bajo tu ventana, sin más alimentos que la lluvia y sin más ropas que las que llevo puestas. Esta es mi dote.

La princesa, conmovida por semejante gesto de amor, decidió aceptar.

—Tendrás tu oportunidad y, si pasas la prueba, me desposarás.

Así pasaron las horas y los días. El pretendiente estuvo sentado, soportando los vientos, la nieve y las noches heladas. Sin pestañear, con la vista fija en el balcón de su amada, el valiente vasallo siguió firme en su empeño, sin desfallecer un momento. De vez en cuando, la cortina de la ventana real dejaba entrever la esbelta figura de la princesa, la cual, con un noble gesto y una sonrisa, aprobaba su constancia.

Todo iba a las mil maravillas. Incluso algunos optimistas habían comenzado a planear los festejos. Al llegar el día noventa y nueve, los pobladores de la zona habían salido a animar al próximo monarca. Todo era alegría y jolgorio hasta que, de pronto, cuando faltaba una sola hora para cumplirse el plazo, ante la mirada atónita de los asistentes y la perplejidad de la princesa, el joven se levantó y, sin dar explicación alguna, se alejó lentamente del lugar.

Unas semanas después, mientras deambulaba por un solitario camino, un niño de la comarca lo alcanzó y le preguntó a quemarropa:

—¿Qué fue lo que te ocurrió? Estabas a un paso de lograr la meta. ¿Por qué dejaste perder esta oportunidad? ¿Por qué te retiraste?

Con profunda consternación y algunas lágrimas mal disimuladas, el joven contestó en voz baja:

—No me ahorró ni un solo día de sufrimiento... ni siquiera una hora... no merecía mi amor.

EGOÍSMO PARÁSITO

> *Al animal más repugnante que he hallado entre los hombres lo he llamado parásito. No quería amar y quería vivir del amor.*
>
> FRIEDRICH NIETZSCHE

Sin generosidad no es posible el *buen amor*. Hay quien cree que por el simple hecho de ser como es ya tiene el derecho a ser amado. Pero el amor no es un derecho sino una conquista, una construcción y un logro.

El parásito busca alguien que le ame pero no está dispuesto a hacer ningún esfuerzo para contribuir al crecimiento de la relación. Vive de lo que aporta el otro, de sus relaciones, de sus aficiones, de sus iniciativas y de su afecto, pero no da nada o da muy poco. No es generoso ni manifestando amor ni amando, con todo lo que amar significa.

En la vida sólo hay una verdadera privación: no ser capaces de darnos a aquellos que más amamos.[4] Y para dar y darnos es necesario practicar la generosidad. Lo cierto es que los egoístas parásitos viven pendientes de sus propias necesidades y están tan centrados en su narcisismo que, fuera de ellos, el mundo no existe. Podría parecer que sólo se aman a sí mismos, pero lo cierto es que tampoco lo hacen. Las personas egoístas no sólo

---

4. May Sarton.

son incapaces de amar a los demás sino que tampoco se saben amar bien.

AMAR SÓLO A UNA PERSONA ES DEPENDER

*Todas las personas sueñan con la libertad
pero están enamoradas de sus cadenas.*

KHALIL GIBRAN

Alguien que dice amar sólo a una persona ha construido un vínculo de dependencia y no de amor. En realidad, no ama bien a ninguna.[5] No es posible limitar al amor, no es posible ponerle puertas ni vallas.

Pretender dar nuestro afecto en exclusiva o intentar ser los únicos poseedores del amor de alguien es una estrategia poco inteligente. La ecología emocional defiende la importancia de diversificar los afectos ya que cuanto más amemos, más aumentará nuestra capacidad de amar. El amor se autogenera y su práctica nos hace más generosos y mejor adaptados; nos permite disponer de mayores y mejores estrategias de supervivencia y, además, aumenta nuestra capacidad de ser felices y de crear felicidad.

La exclusividad reduce nuestro territorio emocional, nos limita y nos resta práctica en el arte de amar. No debemos olvidar que, aunque amemos a muchas personas, tenemos la capacidad de amar a muchas más y también de amarlas mejor. Lo expresa poéticamente Antonio Gala:

*El amor verdadero nunca consistirá en un foso que aísle;
nunca será una reducción del universo al incomparable*

---

5. Erich Fromm.

39

*tamaño de unos ojos. Sería como usar prismáticos por el
extremo inadecuado. El amor no empequeñece, amplía.
Como en las bolsas mágicas de los cuentos, no se consu-
me por más que se dé.*

SOBRE EL AMOR INCONDICIONAL

*Si te dicen hombre, pregunta cuál. Si te dicen alma, pre-
gunta dónde. Si te dicen libertad, reclama un ejemplo. Si
te dicen amor, pide un modelo de vida que lo concrete.*

Walter Riso[6] plantea su desacuerdo acerca de la propuesta de
que se debe amar incondicionalmente a la pareja, pase lo que
pase y haga lo que haga. Una cosa es amar, desde la lejanía, a
alguien con quien no convivimos,[7] y otra muy distinta plantearse un amor y una convivencia de pareja injusta y desigual.

Para que una relación crezca de forma armónica y creativa deben producirse intercambios equitativos. Es normal que
a veces sea uno quien aporte más tiempo, más esfuerzo, más
cuidado o más dedicación a la relación y que, en otras ocasiones, sea el otro quien lo haga. Un intercambio equitativo no
significa que si damos *siete* debamos recibir inmediatamente
siete como contrapartida. Pero si siempre recibimos del otro
dos, o cuatro y nunca siete o diez, empezamos a sentir descontento, a pensar que la relación es injusta y a entender que algo
anda mal. Posiblemente exista un problema de falta de generosidad, de comodidad, o desinterés para construir el amor conjunto.

---

6. Especialista en dependencias amorosas y autor de numerosos
libros sobre el tema. Véase *Ama y no sufras*.
7. Un amor platónico/Dios.

El amor real se mueve en un contexto condicional aunque generoso. No debe ser en ningún caso una relación mercantil en la que siempre debamos quedar a la par, pero sí que debe ser una relación justa para ambos. En caso contrario, no será posible mantener una relación suficientemente equilibrada y madura.

UNA CUESTIÓN DE CONFIANZA

El fuego, el agua y la confianza caminaban por un bosque y conversaban sobre lo que harían si el azar viniera a separarlos. El fuego dijo:

—Buscad el humo. Allí me encontraréis.

El agua dijo:

—Buscad hierbas verdes y flores. Allí estaré.

La confianza dijo:

—Mejor será que no me perdáis de vista, porque si lo hacéis es probable que nunca volváis a encontrarme.

BRAZOS ABIERTOS

El amor exige brazos abiertos.

LEO BUSCAGLIA

Leo Buscaglia plantea la importancia de no intentar retener ni aprisionar al otro:

El amor exige brazos abiertos. Con los brazos abiertos uno deja que el amor venga y se vaya a voluntad, libremente, pues de todos modos así lo hará. Si uno cierra sus brazos para retener al amor, hallará que sólo se retiene a sí mismo.

Nuestras creencias y visiones mueven determinadas emociones y pueden llegar a condicionar nuestras conductas. No hay más realidad que la que llevamos en nuestro interior. Muchas personas viven de forma irreal porque su visión interior está distorsionada por creencias que no favorecen ni su proyecto vital ni la construcción de relaciones de calidad.

El amor pide valor, capacidad de asumir riesgos y, sobre todo, trabajo y esfuerzo diario para mantener el misterio, la creatividad y la comunicación. Ahora bien, si pensamos que una relación así no es posible, ni siquiera nos vamos a esforzar y, aunque suspirar por otra persona está muy bien, el suspiro por sí mismo no va a hacer que ésta se aproxime.

Es importante aprender a luchar por lo que queremos, uniendo el sentimiento a la voluntad y a la acción inteligente. Para amar bien es preciso ser muy inteligente, intelectual y emocionalmente, y esto pasa por realizar un buen trabajo en equipo *mente-emoción-acción*.

EL MIEDO A AMAR

Y me contó la historia de un muchacho enamorado de una estrella. Adoraba a su estrella junto al mar, tendía sus brazos hacia ella, soñaba con ella y le dirigía todos sus pensamientos. Pero sabía o creía saber que una estrella no podría ser abrazada por un ser humano. Creía que su destino era amar a una estrella sin esperanza; y sobre esta idea construyó todo un poema vital de renuncia y de sufrimiento silencioso y fiel que habría de purificarle y perfeccionarle. Todos sus sueños se concentraban en la estrella.

Una noche estaba de nuevo junto al mar, sobre un acantilado, contemplando la estrella y ardiendo de amor hacia ella. En el momento de mayor pasión dio unos pasos hacia delante y se lanzó al vacío, a su encuentro. Pero en el instante de lanzarse pensó que era imposible y cayó a la playa destrozado. No había sabido amar. Si en el momento de lanzarse hubiera tenido la fuerza de creer firmemente en la realización de su amor, hubiese volado hacia arriba a reunirse con su estrella.[8]

Sentimos miedo a amar. Quizá tenemos menos miedo al amor, porque amar supone acción y realización, mientras que el amor es algo que podemos o no actualizar y convertir en realidad. Para pasar de amor a amar debemos empezar tomando conciencia de que amar es un arte que requiere tiempo y disciplina. Muchos se quedan «a las puertas». Entrar a fondo en el amor significa estar dispuesto a correr riesgos y esto da miedo. La rutina y la seguridad de lo que ya se conoce puede ahogar nuestro impulso creativo y dificultar la activación de nuestra capacidad para dar y recibir sorpresas. Salir de lo establecido, abandonar nuestra franja de comodidad y convivir con la incertidumbre y el misterio del otro es un reto extraordinario. Lo curioso es que, a pesar de que algunas personas no se sienten satisfechas con sus relaciones superficiales, prefieren resignarse antes que arriesgarse a cambiarlas. Amar es un viaje en el que es necesario estar dispuesto a perderse para reencontrarse; aprender a soltar para recuperar, y a irse para no asfixiar.

¿El amor es eterno? Lo es, mientras lo hacemos durar. Pero para que algo dure primero debe iniciarse. Hay quien opta por no iniciar el camino del amor para no enfrentarse a algo que teme más que a la propia ausencia de éste: perderlo.

---

8. Hermann Hesse. *Demian*. Alianza Editorial, 1998.

Érase una vez un universo oscuro, un universo negro, un universo helado y matemático. No se sabe por qué, dos estrellas se miraron y se enamoraron. Tan grande y hermoso fue su amor que dejaron de describir infalibles órbitas elípticas para dibujarse tiernos corazones entrelazados.

Se querían tanto..., pero la distancia era grande, y no podían acariciarse ni besarse. ¡Si por un solo instante pudieran estar juntas! Pero eso estaba prohibido en un universo oscuro, en un universo negro, en un universo helado y matemático. Aun así no se resignaron a vivir separadas —alejadas por un denso y silencioso vacío– y decidieron quebrantar la eterna ley del perfecto y ordenado universo. Con un cómplice guiño se salieron de sus órbitas convirtiéndose en dos estrellas fugaces, dirigiéndose a un mismo destino a la velocidad del deseo y del cariño.

Tan sólo querían besarse; sabían que ese sería su primer y último beso, pero a pesar de ello continuaron vertiginosas su sendero suicida..., hasta que se encontraron, fundiéndose en un luminoso y bello abrazo de amor y de muerte. Fue el precio que tuvieron que pagar por quererse en un universo oscuro, en un universo negro, en un universo helado y matemático. Ellas fueron las primeras, pero si alguna noche de verano, mirando el cielo, ves una estrella fugaz, piensa que en algún lugar hay otra, que están enamoradas, y que aunque vivamos en un universo oscuro, en un universo negro, en un universo helado y matemático, lograrán encontrarse, se besarán nada más que por un instante y desaparecerán entre destellos de amor y ternura.

ARRIESGARSE

El amor es una bellísima flor, pero hay que tener el coraje de recogerla al borde de los precipicios.

STENDHAL

Perdemos muchas cosas por el miedo a perder. En todas las historias de amor existe, en el fondo, el miedo a la partida, al final y al adiós. Y el miedo a la pérdida, al abandono y al rechazo puede llegar a pesar tanto que haya quien prefiera no amar para no arriesgarse a sufrir.

Eduardo Galeano refleja muy bien en un poema el deseo de control, el miedo al riesgo y el espíritu calculador que suelen ser incompatibles con el amor.

> No puede mirar la luna sin calcular la distancia.
> No puede mirar un árbol sin calcular la leña.
> No puede mirar un cuadro sin calcular el precio.
> No puede mirar un menú sin calcular las calorías.
> No puede mirar un hombre sin calcular la ventaja.
> No puede mirar una mujer sin calcular el riesgo.

«El miedo es la otra cara del amor. El miedo es el temor del amor. El miedo es el temor a perder lo que tenemos y somos, el temor a liberarnos a fin de convertirnos en lo que será. Nos asusta el amor. El amor nos exige todo lo que somos».[9] La lucha entre la seguridad de lo conocido y el miedo a explorar determina el tipo de relación de pareja por la que apostamos. Es importante saber que no hay garantías pero que, en todo caso,

---

9. Miller Mair.

para conseguir un buen amor es esencial escuchar a nuestro corazón y ser valientes y generosos.

ACTUALIZAR AMOR EN AMAR

> *Para la mayor parte de la gente, el problema del amor consiste fundamentalmente en ser amado y no en amar.*
>
> ERICH FROMM

De la teoría a la práctica. De nada nos sirve un amor sólo pensado y no vivido. Si bien el amor platónico es menos arriesgado, también es menos gratificante. Lo mejor de actualizar el amor en amar es el hecho de que nadie nos puede impedir ejercer esta capacidad del alma. Es posible amar a muchas personas y trabajar y esforzarnos para hacer de *amar* todo un arte. En cambio, si nos quedamos pasivamente esperando a que venga alguien y nos ame, podemos estar aguardando toda nuestra vida. Amor y pasividad son conceptos incompatibles. Y si tenemos la dicha de amar y ser amados, aún podemos ir mejorando la actualización de nuestro amor mediante acciones diarias que aumenten su calidad y profundidad. Como resultado se pone en marcha el *efecto boomerang* y vamos recibiendo más y mejor amor. Se inicia una aventura en la que nosotros somos a la vez guionistas y protagonistas.

1

EL AMOR ESENCIAL

Sólo partiendo de nuestra libertad interior, seremos
capaces de dar un amor que libere y crear vínculos
que unan en lugar de cadenas que aprisionen.

Para amar de verdad debemos atravesar el
umbral del miedo, ser creativos, correr riesgos
y dejar que el corazón vaya a su paso.

El amor ni existe ni se encuentra. Se construye
a fuerza de amar y esta construcción, una vez
iniciada, nunca puede darse por finalizada.

No es lo mismo «necesitar amar a fin de sentirnos
bien», que «elegir amar porque nos sentimos bien».

Muchas personas optan por no iniciar el camino
del amor para no enfrentarse a algo que temen
más que a la propia ausencia de éste: perderlo.

2

DEL YO...

He ahí que llegó el día en el que el riesgo de permanecer cerrada en el capullo era más doloroso que el riesgo de florecer.

ANAÏS NIN

EL DEBER INDIVIDUAL DE CRECER

Sólo hay un peligro mortal en nuestra vida: no haber vivido.

Dice un cuento que, al final de la Creación del mundo, Dios-Padre estaba profundamente concentrado amasando y dando forma al hombre, a fin de que quedara perfecto, cuando, de repente, notó que éste se le escapaba de las manos.

El Espíritu, que andaba por allí, le dijo a Dios-Padre:

—¿Qué es lo que he visto bajar a toda velocidad en dirección a la Tierra?

—Ha sido el hombre, que tenía prisa por nacer y se me ha ido a medio hacer —respondió Dios.

—Entonces —dijo el Espíritu— deberá completar él mismo su construcción durante toda su vida. Esta será su tarea.

Así pues, nacemos seres humanos pero no personas.[10] Nacemos a medio hacer, con potencial y poca realidad y será nuestra tarea construirnos con los materiales que nos han sido dados y con todos aquellos recursos que iremos encontrando o adquiriendo en el transcurso de nuestro viaje vital.

Esta es nuestra responsabilidad indelegable. Somos tal y como nos hemos ido construyendo. Somos el producto de nuestras decisiones, acciones, esfuerzo, ilusión y trabajo; de nuestras relaciones, creencias, aprendizajes, miedos, indecisiones, renuncias o pasividad. Y a partir de determinada edad, ya no vale culpar a nuestros padres, a nuestros maestros, a nuestros políticos, a nuestra sociedad, a nuestra religión o a nuestra pareja, de lo que somos o dejamos de ser.

Tenemos el deber individual de crecer, mejorar y reunir los medios necesarios para conseguir desplegar nuestro mejor potencial. Y aquí no vale cualquier modelo de persona, sino el mejor modelo posible y el de la excelencia. Para ello será esencial movernos con valores humanos seleccionados de forma inteligente. Guiados por ellos, actualizamos nuestro potencial realizando acciones diarias coherentes. Esta tarea forma parte del aprendizaje del «ser».

Somos seres interrogados por la vida, que nos formula preguntas a las que debemos dar respuestas individuales. Como dice Víctor Frankl, «somos responsables de realizar de forma creadora las posibilidades recibidas». En esta línea, la pareja no debería ser una finalidad por sí misma. Es sólo una posibili-

---

10. La ecología emocional. *Atrapados en emociones que nos esclavizan*, capítulo 7.

dad más, entre muchas otras, de desarrollarnos como personas. Lo que sucede es que, a partir de la relación y convivencia en pareja, vamos a desplegar partes de nosotros mismos que posiblemente no desplegaríamos de igual forma en otro contexto relacional. No obstante, la pareja y el proyecto que en ella se desarrolle no puede sustituir, en ningún caso y bajo ningún pretexto, esta tarea individual en la que todos debemos trabajar: la propia construcción y crecimiento personal.

PARTIR DE LA AUTONOMÍA Y LA INDIVIDUALIDAD

No me creas si no confías en ti.

Para llegar a formar una pareja amorosa y creativa debemos partir de dos personas autónomas. Autonomía no significa individualismo. Ser uno mismo supone tener conciencia de los propios límites, potenciales y cualidades así como voluntad de transformación. Sin territorios claros no se puede construir una buena relación, por lo que partir de un «yo íntegro» es la única vía posible para llegar a un «nosotros» con posibilidades de éxito. Para ser autónomos será necesario diferenciarnos y construir una vida, con suficiente contenido e intensidad como para que no necesitemos «colgarnos de otro» o «vampirizar» su vida. Será preciso arriesgarnos a vivir con plenitud, afrontar todo tipo de retos y aprender de nuestras experiencias. Así creceremos y podremos crecer con el otro en el espacio conjunto del «nosotros».

Sören Kierkegaard nos propone en su *Diario íntimo* la siguiente metáfora para entender la importancia de *partir de la propia individualidad.*

Imaginemos a un pajarillo: por ejemplo, una golondrina enamorada de una jovencita. La golondrina podría, por lo tanto, conocer a la muchacha (por ser diferente a todas las demás), pero la joven no podría distinguir a la golondrina entre cien mil. Imaginad su tormento cuando, a su retorno en primavera, la golondrina dijera: «Soy yo», y la joven le respondiera: «No puedo reconocerte».

En efecto, la golondrina carece de individualidad. De ahí se deduce que la individualidad es el presupuesto básico para amar, la diferencia de la distinción. De ahí se deduce también que algunas personas no pueden amar de veras, porque la diferencia de sus propias individualidades es demasiado insignificante.

Nos podemos amar porque somos diferentes y nos podemos distinguir.

LA RESPONSABILIDAD DE MANTENERNOS A SALVO

El amor absoluto es el que nos lleva al máximo de la vida y de la muerte.

ANTONIO GALA

Iban de pueblo en pueblo exhibiendo sus acrobacias. El hombre se colocaba una larguísima pértiga sobre los hombros y la niñita se subía hasta el extremo superior de la misma. Así sobrevivían.

Pero un día el hombre le dijo a la niña:

—Pequeña, cada vez que hagamos el número, tú debes prestarme mucha atención y yo hacer lo mismo contigo, de lo contrario podríamos tener un accidente grave.

—No, maestro, así no funcionarían las cosas —puntualizó la niña—. Si de verdad quieres que no tengamos ningún accidente, tú debes estar atento a ti mismo y yo lo estaré a mí misma cuando estemos haciendo el número. Te aseguro que es la mejor manera de ponernos a salvo.[11]

A veces el hecho de procurar estar bien uno mismo se confunde con egoísmo. Pero existe una diferencia enorme entre ambos conceptos. Somos responsables de prestar atención a nuestras necesidades, a nuestros deseos, a nuestros sentimientos y pensamientos; de crear las condiciones para mantener y mejorar nuestra salud física y emocional y buscar un entorno equilibrado donde crecer y realizarnos como seres humanos. Estar atento a uno mismo es el mejor camino para mantenerse a salvo de la enfermedad, del desequilibrio, de la explotación y de la división interna, y también la premisa esencial para poder dar atención y amor a otro ser humano.

El primer principio de la gestión ecológica de las relaciones[12] nos dice *ayúdate a ti mismo y los demás te ayudarán*. El sexto —autoaplicación previa— también afirma con rotundidad: *no podrás hacer ni dar a los demás aquello que no eres capaz de hacer ni darte a ti mismo*. La mejor manera de relacionarnos, sin asumir un nivel excesivo de riesgo y dolor, es siendo personas autónomas que se responsabilizan de darse cuidado y atención a sí mismas. Sólo así no sobrecargaremos a los demás pidiéndoles que se encarguen de nuestra vida y de nuestra felicidad. Estas tareas sólo a nosotros nos conciernen.

11. Ramiro Calle. *El libro de la felicidad*. Martínez Roca, 1996.
12. J. Soler y M. Mercé Conangla. *La ecología emocional*. Editorial Amat, 2004.

No sigas los senderos que otros trazaron.
Busca tu propio camino y deja en él tu huella.

Nuestra tarea más importante es convertirnos en personas. A medida que hacemos elecciones y tomamos decisiones vamos conformando a la persona que podemos llegar a ser y que, potencialmente, ya somos.

> Se cuenta que al gran escultor Miguel Ángel le preguntaron:
> —Maestro, ¿cómo consigue esculpir estas esculturas tan maravillosas?
> —Muy sencillo —respondió el genio—. Se toma un trozo de mármol, se visualiza la figura que alberga dentro y se va eliminando todo lo que sobra.

Para construir nuestro proyecto personal es importante visualizar *quién* queremos ser, *dónde* queremos estar, *adónde* queremos ir y *con quién* queremos compartir nuestro camino. Pero para compartir nuestro camino será necesario tener un camino para compartir. Si permanecemos sentados esperando que la vida nos lo regale, sin aportar nada por nuestra parte, podemos llegar al final de nuestro trayecto sin haber compartido nada con nadie, vacíos de proyecto, vacíos para dar y vacíos de vida.

El crecimiento personal se inicia en el interior de cada uno de nosotros pero se desarrolla cuando somos generosos con nosotros mismos y con los demás. En este aprendizaje de la generosidad —saber dar y recibir— iremos configurando nuestro proyecto vital.

—¿Qué es el proyecto?

—Es algo que debes imaginar; y después de haberlo imaginado, debes fabricarlo. Es algo así como un puente. Tú puedes ir al otro lado del puente, pero no puedes hacerlo si antes no lo construyes. Al otro lado está lo que buscabas. Sin proyecto el destino se te escapa de las manos como una cometa en un día sin viento.[13]

El proyecto individual debería ser un *proyecto de desarrollo y crecimiento personal abierto y flexible*. No supone tenerlo todo pensado y controlado, ni tampoco que debamos saber exactamente todo lo que queremos obtener o ser en la vida ya que, de ser así, sería un proyecto cerrado y muy peligroso. Cuando nos obcecamos en determinados objetivos, podemos pasar por alto muchas otras oportunidades. También tenemos mayores posibilidades de sentirnos frustrados y sufrir, puesto que los paisajes que la vida nos presenta no son siempre los que hubiéramos elegido de haber podido hacerlo.

El proyecto de crecimiento personal pide estar abiertos de sentidos, mente y corazón a cada momento, a cada persona, a cada posibilidad y a cada interrogante que nos llegue. Significa estar dispuestos a dar a la vida nuestra mejor respuesta, la más coherente, humanizada y generosa. Debe partir de la comprensión de que nuestra tarea es seguir aprendiendo y aplicando lo aprendido, cuidarnos, respetarnos y desarrollar una creatividad bien dirigida. Se trata de mejorar nosotros para mejorar el mundo y aumentar las oportunidades de ser y de mejorar de los demás seres que lo habitan.

Podemos llegar a encontrarnos o a perdernos a nosotros mismos según sean nuestras respuestas a los pequeños retos diarios y no tanto por la aparición de sucesos vitales repentinos y trági-

---

13. Susana Tamaro. *Tobías y el ángel*. Mondadori, 1999.

cos que puedan cambiar totalmente nuestra vida. Nos perdemos al perder nuestra dignidad en las pequeñas incoherencias y nos encontramos al mantenernos coherentes. Decía Fromm:

> *La libertad no es una cosa que tengamos, no existe tal cosa. La libertad es una cualidad de nuestra personalidad: somos más o menos libres de resistir a la coacción, más o menos libres de hacer lo que queremos y de ser nosotros mismos. Y, siempre, la libertad aumenta o disminuye.*[14]

Estos son los criterios de partida para un proyecto individual emocionalmente ecológico: libertad y dignidad. El contenido del proyecto es nuestra historia diaria, abierta a lo inesperado, construida con nuestras respuestas a los retos cotidianos, siempre desde la coherencia personal y conscientes de que cada pequeña pieza que colocamos consolida la pieza futura o la deja sin base.

CONSTRUIR UN «SER COMPLETO»

> *El amor es posible a partir de dos personas que se aman, en primer lugar, en primera persona del singular.*

> SERGIO SINAY

«Si sacas aquello que hay en tu interior, lo que saques te salvará. Si no sacas lo que hay en tu interior, lo que no saques te destruirá».[15] Cuando ponemos obstáculos a la tendencia de la vida a

---

14. Erich Fromm. *El arte de escuchar*. Paidós, 2003.
15. Evangelios gnósticos.

crecer y a expandirse, la energía inhibida sufre un proceso de transformación y se convierte en energía destructiva.[16] Se trata, pues, de dar una salida creativa a esta tendencia universal de expandirse y crecer.

Todos tenemos una certeza: vamos a vivir con nosotros mismos el resto de nuestra vida. ¿No sería inteligente construirnos de tal forma que esta convivencia sea buena? ¿No sería bueno poder aceptarnos y respetarnos por ser quienes somos, y aprender a cuidarnos y amarnos bien?

Partir de un «Yo íntegro» es el primer paso para conseguir un «nosotros» creativo y amoroso. Y para ello deberemos desarrollar las mejores facetas y posibilidades de nuestro ser. Sólo de esta forma no buscaremos una pareja para sobrevivir, ni seremos unos «necesitados», puesto que nos sentiremos seres completos. Sin un «yo íntegro» seremos incapaces de dar sentido a nuestra existencia y tendremos muchas posibilidades de encontrar a otro ser desesperado con el que sumar desespero y miedo. Las relaciones de dependencia siempre son el fruto de la falta de libertad interior.

> Se cuenta que un día estaba Diógenes comiendo un plato de lentejas sentado en el umbral de una casa, cerca del mercado. No había ninguna comida en toda Atenas que fuese más barata que las lentejas. Dicho de otra forma, comer lentejas era definirse en estado de precariedad.
>
> Delante de Diógenes pasó Enaendas, ministro del emperador y su amigo desde la infancia. Casi sin mirar lo que el filósofo comía, le dijo:
>
> —¡Ay, Diógenes! Si aprendieras a ser un poco más sumiso y adulases más al emperador, no tendrías que comer tantas lentejas.

---

16. Erich Fromm.

Diógenes dejó de comer, levantó la vista y, mirando profundamente a su importante interlocutor, le dijo:

—¡Ay de ti, hermano! Si aceptases comer un poco más de lentejas no estarías obligado a ser sumiso ni tendrías que adular tanto al emperador.

El camino del autorrespeto es necesario para mantenernos íntegros. Nacemos humanos pero no personas y será este trayecto evolutivo el que dará contenido a nuestro proyecto: aprender a cuidar de nosotros mismos y de nuestras necesidades; permitirnos explorar, aprender, ensayar estrategias y crear; relacionarnos, expresarnos, gozar y aportar nuestra energía a la mejora de nuestro mundo en alguna de sus facetas. Sólo siendo seres completos podremos encontrar otro «ser completo» con el que compartir la vida sin perder nuestra identidad.

APRENDER A VIVIR SOLOS PARA PODER VIVIR EN PAREJA

Amarse uno mismo es el comienzo de un romance para toda la vida.

OSCAR WILDE

¿Es mejor vivir solo que mal acompañado? o ¿mejor mal acompañado que solo? ¿Qué es peor, vivir solo o sentirse solo teniendo compañía? La respuesta a estas preguntas marca una diferencia de conducta importante. «No es bueno que el hombre esté solo*», se nos ha dicho repetidamente. Pero la soledad y

_____
* Aunque en muchas ocasiones es un gran alivio, dice la sabiduría popular.

su vivencia en equilibrio y aceptación es un requisito necesario para poder relacionarnos con otro ser humano, en libertad.

Oímos a menudo expresiones como: «No puedo vivir sin ti», «sin ti mi vida está vacía», o «sin ti me moriría». Son señales claras de inmadurez afectiva dadas por personas sin proyecto de vida propio, que esperan «vampirizar» emocionalmente a su pareja y alimentarse de lo que ésta aporte. Así, se crean relaciones de dependencia que, en ningún caso, pueden llenar el vacío que se siente. Una pareja no puede ni debe ser un tapón que rellene los agujeros de nuestra vida o que apague nuestro miedo a la soledad.

La Ecología Emocional propone trabajar para poder llegar a afirmar de forma honesta: «Puedo vivir sin ti, mi vida está llena, tiene sentido y me siento bien conmigo mismo. No obstante, he elegido libremente amarte y crecer contigo: juntos, pero no atados». La persona capaz de relacionarse bien consigo misma también es capaz de relacionarse bien con las demás. Pero la persona que huye de la soledad y siente la necesidad de llenar su tiempo, sus silencios y sus espacios para no sentir pánico de enfrentarse a su realidad, fracasará en una relación de pareja. Su propio miedo le moverá a aferrarse con tanta fuerza al otro que acabará ahogándolo y matando su relación.

EL ENCUENTRO

Siempre existe en el mundo una persona que espera a otra, ya sea en medio del desierto o en medio de una gran ciudad. Y cuando estas personas se cruzan y sus ojos se encuentran, todo el pasado y futuro pierden completamente su importancia y sólo existe aquel momento.

PAULO COELHO

Cuando una persona se ama, y se siente contenta y plena con la vida que lleva, reúne las condiciones ideales para que se produzca el encuentro con otro ser de características similares. Es el encuentro de dos personas equilibradas, maduras y con capacidad de construir un proyecto de pareja.

El encuentro suele suceder en momentos de especial armonía y equilibrio íntimo, momentos en los que estamos haciendo lo que queremos hacer y gozamos con ello; momentos en que no buscamos con desespero a otra persona, porque no la necesitamos para sentirnos bien. Suele ocurrir cuando estamos especialmente atentos y sensibles a nosotros mismos y a nuestro entorno. Para encontrar al otro debemos estar abiertos y atentos a nuestra propia realidad.

A veces no encontramos porque estamos buscando demasiado afuera. Y aquello que buscamos funciona como un filtro que no deja pasar el resto de estímulos, oscureciéndonos la visión. De todas formas, el mejor encuentro no garantiza nada. Aunque a partir del mismo podemos tender puentes de comunicación para acceder al otro, deberemos estar dispuestos, en primer lugar, a construirlos y, luego, a cruzarlos.

EL ENAMORAMIENTO

Cuando el príncipe azul apareció, era ya demasiado tarde. Le había esperado desde hacía muchos años, desde los lazos rosas de mis faldones y el vuelo de mis vestidos bordados, desde los juegos de saltar a la comba en los que los brincos determinaban el número de novios que tendríamos.

Formulé deseos a la luna y tramé hechizos en la noche de San Juan, pero el amor no llegaba. Tardé mucho en descubrir que el amor nos estaba vedado a las niñas, que debíamos crecer para experimentarlo. Y mientras tanto, perdí la ingenuidad, y me harté de esperar caballeros de plateadas armaduras. Cuando llegó la adolescencia era demasiado tarde.[17]

EN-AMOR-MIENTO

De flechazo en flechazo se pierde usted el amor, y al perderse el amor a cambio del goce fácil que es el eros, se pierde usted la vida.

PAM CHUBBUCK

¿Filtros selectivos programados genéticamente? ¿Patrones interiorizados a partir de sucesos vividos en la infancia? ¿Influencia de modelos socialmente valorados? ¿Por qué nos enamoramos? ¿De qué factores depende? ¿Cuáles son los elementos de atracción? ¿Por qué, a veces, lo que nos enamora no nos conviene? ¿Cuánto dura el enamoramiento? Preguntas y más preguntas.

Descargas hormonales, bioquímica pura, nuestro corazón late más aprisa, tenemos más energía... se altera nuestra vida, nos descentramos, nos desconcentramos. El enamoramiento es un estado emocional alterado, una especie de trastorno de la atención. Es involuntario e ilógico. En estado de enamoramiento funcionamos mediante filtros que seleccionan determinados rasgos de la persona de la que nos enamoramos, perdiendo la visión de conjunto, tanto de la persona como de la situación. Se reduce nuestra visión global y se parcializa nuestra mirada, vemos sólo una parte del todo y nos fijamos en detalles que, en

---

17. Espido Freire. *Primer amor.* Temas de hoy, 2002.

un estado normal, nos pasarían desapercibidos mientras que pasamos por alto datos importantes.

Nos enamoramos de la imagen de nosotros mismos refleja-da en los ojos y en el lenguaje verbal y corporal del otro. Nos enamoramos de nosotros mismos al vernos tan especiales. En el enamoramiento, el otro es un espejo que nos muestra más atrayentes, con colores más vivos, más listos, más bellos y más ingeniosos. No sería posible la vida si todos viviéramos en un estado constante de enamoramiento. Por este motivo, el ena-moramiento pasa, debe pasar y, al desaparecer, puede dejarnos vacíos.

No siempre el enamoramiento se convierte en amor. Éste sólo será posible si existe la voluntad de construir un proyecto conjunto. No elegimos de quién enamorarnos, sencillamente nos ocurre. En cambio, el amor requiere un acto de voluntad constante. El enamoramiento, este estado de euforia transitoria, puede acabar siendo sólo esto o bien evolucionar hacia una relación más profunda en la que sea posible crear amor.

EL BOSQUEJO

—¿Qué hace usted cuando ama a alguien? —pregunta-ron un día al señor K.

—Hago un bosquejo de esa persona —respondió el señor K— y procuro que se le asemeje lo más posible.

—¿El bosquejo?

—No, la persona.[18]

---

18. Bertolt Brecht.

LA ELECCIÓN DE PAREJA

Elige lo que te abre; a los otros, a nuevas experiencias, a diversas alegrías. Evita lo que te encierra y lo que te entierra.

FERNANDO SAVATER

Somos nuestra relación. En lo que se refiere a nuestra pareja, tenemos lo que nosotros hemos elegido, por no decir lo que «nos merecemos». Con esta afirmación tan dura y difícil de aceptar, planteamos el hecho de que la pareja no nos viene impuesta —por lo menos en nuestra sociedad y cultura— y, por ello, somos responsables de la elección que hacemos y de las consecuencias que se derivan de ella. A la vez afirmamos que tenemos el derecho y la obligación de dejar a nuestra pareja si la relación nos bloquea, nos repliega o es destructiva para nosotros.

Decir pareja no es decir amor. Se puede amar a alguien y no formar pareja. También es posible convivir y no amar. Las razones por las que elegimos a nuestra pareja pueden ser de lo más variadas aunque sabemos que, si son equivocadas, la relación fracasará. Son malas razones para formar pareja: evitar estar solos, el miedo a no encontrar una persona más adecuada en el futuro, la seguridad económica, el estatus o porque es lo que se espera que uno haga. La pareja sólo se justifica si constituye un espacio de desarrollo personal y conjunto. De no ser así, será tan sólo fuente de mayor soledad y sufrimiento. Algunas personas se quejan de su pareja, pero no están dispuestas a actuar en consecuencia.

A veces escogemos mal y después decimos que nos engañan. Y si bien no elegimos ni a nuestros padres ni a nuestros hijos, sí que escogemos a nuestra pareja y, por este motivo, somos responsables de nuestra relación. Lo cierto es que, según la pareja que elijamos, nos construiremos mejor o peor y, en todo caso, de manera diferente.

LAS CREENCIAS DESADAPTATIVAS

> *El amor no tiene cura, pero es la única medicina para todos los males.*
>
> LEONARD COHEN

«El presunto animal racional es un engreído de sus creencias. Por esto muy a menudo las antepone a la razón».[19] «Un crédulo es alguien que asume una verdad fácilmente sin exigir demasiadas garantías a la realidad que debe soportarla». Para poder mantener la propia identidad independiente de los caprichos de un mundo incierto debemos agarrarnos al conocimiento.[20] Una de nuestras tareas como adultos va a ser revisar las creencias que hemos ido incorporando en la vida y que pueden limitar nuestro crecimiento personal.

Es posible amar bien, es decir, de forma emocionalmente inteligente y ecológica. Es posible evitar gran parte del dolor causado por nuestro analfabetismo amoroso fruto de mensajes y creencias distorsionadas sobre lo que son las relaciones, la vida y el amor. Se nos ha dicho que debemos encontrar la persona adecuada, en lugar de recordarnos que nuestra tarea es convertirnos en la persona adecuada. Los mensajes recibidos en nuestra educación han generado creencias y expectativas poco adaptadas a la realidad. Y esta distancia entre lo que esperamos y lo que es, entre lo que deseamos y lo que podemos conseguir,

---

19. Enrique Miret Magdalena. *Contra la credulidad*.
20. Jorge Wagensberg.

entre la realidad y la ficción, es fuente de mucho sufrimiento innecesario. Proponemos evitarlo revisando algunas creencias, cambiándolas o bien ajustándolas de forma más realista y madura. Vamos a exponer algunas de ellas.

Sobre «medias naranjas» y «almas gemelas»

> Hay quien ha venido al mundo para enamorarse de una sola mujer y, consecuentemente, no es probable que tropiece con ella.
>
> ORTEGA Y GASSET

Medias naranjas, o el mito de la fusión. Ser uno solo con el otro, tal y como lo plantea Aristófanes en el banquete platónico. El mito andrógino afirma que, en el principio de los tiempos, los seres humanos estábamos dotados de una doble naturaleza, y que los dioses nos castigaron dividiéndonos por la mitad. Las «almas gemelas» son mitades buscándose para volver a experimentar la plenitud, mitades escindidas por la ira de Zeus, intentando resarcir la carencia, fruto de la separación, encontrándose y uniéndose para siempre jamás.

Cargados con esta creencia podemos pasarnos la vida buscando a nuestro otro yo perdido, buscándonos fuera de nosotros mismos y persiguiendo a nuestra mitad. Quien no encuentra su pareja, está incompleto y es compadecido. Las metáforas de las «medias naranjas» y de las «almas gemelas» nos lanzan la idea distorsionada de que sólo existe una persona en el mundo que nos corresponde y que está destinada a hacernos felices. De ahí deriva también la angustia general para encontrarla.

¿Fusión o confusión? Porque si somos «mitades» y existe en algún lugar del mundo nuestra mitad perdida, podemos pasarnos la vida buscándonos sin hallarnos. ¡El mundo es tan grande y hay tanta gente! Confusión porque si las relaciones de pareja que emprendemos son difíciles podemos pensar: «¡Es que no era mi mitad!», y así abandonar y continuar buscando. La consecuencia de todo ello puede ser creer que el problema reside en el hecho de haber elegido mal a nuestro objeto de amor, en lugar de plantearnos si, en realidad, no es debido a nuestra incompetencia amorosa. En el primer caso, atribuimos nuestra felicidad o nuestra infelicidad a la suerte o al destino y el resultado es un constante cambio de pareja, sin plantear ningún cambio en nosotros mismos. En el segundo caso, cuestionamos nuestra propia competencia emocional y, a partir de ahí, podemos iniciar un camino de mejora de nosotros mismos. Se trata de perfeccionar nuestra conducta amorosa para conseguir hacer del amor un arte.

Este cambio de creencia lleva consigo otros planteamientos:

- Somos seres enteros y, por tanto, el otro no nos completa sino que nos acompaña y complementa.
- Es posible amar a más de una persona, puesto que no existe sólo una persona en el mundo que nos sea destinada.

Del amor eterno

El amor sólo es eterno mientras dura.

El amor dura siempre y cuando seamos capaces de construirlo, día a día, con actos de amor. Este arte precisa voluntad, esfuerzo, trabajo, sensibilidad, empatía y creatividad. Es la renovación diaria de la voluntad de amar al otro.

En uno de sus viajes por los pequeños planetas, el Principito se encontró con un geógrafo que anotaba en un gran libro de registro montañas, ríos y estrellas.

El Principito quiso registrar su flor, pero el geógrafo le dijo:

—No registramos flores, porque no se puede tomar a las cosas efímeras como referencia.

—¿Qué significa efímero? —preguntó el Principito.

—Efímero significa amenazado de desaparición rápida.

Cuando el Principito oyó esto, se entristeció mucho. Se había dado cuenta de que su rosa era efímera.[21]

El amor dura mientras no «demos nada por supuesto», no nos dejemos llevar por la rutina y lo cuidemos como una planta delicada. Quizá creamos que, una vez encontrada la persona adecuada, todo irá *sobre ruedas*. Si algo no funciona será debido a que el error reside en el objeto de amor, pero no en nosotros. Muy cómodo y fácil porqué así diluimos nuestra responsabilidad. Esta falsa creencia está provocando mucho sufrimiento.

Prometemos amarnos toda la vida. Pero no es posible prometer sentimientos ya que estos no son actos de voluntad. Podemos, en cambio, prometer conductas amorosas encaminadas al cuidado del amor. Así, dado que el amor no es tanto una cuestión de objeto como de capacidad, esta puede desarrollarse si así lo queremos, con constancia, práctica diaria, voluntad y todos los ingredientes que conforman este *arte de amar* difícil pero posible.

21. Antoine de Saint-Exupéry. *El Principito*. Alianza Editorial, 2003.

Sobre la exclusividad

> *Ella quería ser el motivo de todo y por esto
> no fue la causa de nada.*

Djuna Barnes

Aquí tenéis un modelo de contrato «no escrito» que puede darse en una relación de pareja desadaptativa. Contiene una serie de condiciones que nunca suelen expresarse directamente, pero que pueden ser deseadas e, incluso, reclamadas por una o ambas partes:

«Tú para mí y yo para ti, y el resto del mundo fuera. Deseo, pretendo, quiero y espero llenar todo tu universo, como tú debes llenar el mío. Así, los dos juntos, completos uno gracias al otro, cerraremos las puertas al resto del mundo.

Desde este momento, tú no tendrás relaciones importantes con otras personas, vas a dedicarme todo tu tiempo e irás a todas partes conmigo. No quedarás con amigos o amigas, a no ser que me lleves contigo, no tendrás conversaciones, ni correspondencia privada con otra persona aparte de mí. Tus amistades deben ser las mías y las mías, las tuyas. Si tenías amigos anteriores, van a quedar en un segundo plano en tu afecto. Debes elegir: los demás o yo.

Espero que me pidas permiso para relacionarte con otros sin mi presencia y que, en este caso, me cuentes tus conversaciones, me lo expliques todo y no tengas secretos para mí. Piensa que el tiempo y atención que dediques a otros sentiré que me lo estás quitando. Quiero ser el centro de tu vida. No quiero que, fuera de mí, existan otros motivos importantes en tu vida. Eres de mi propiedad. Tengo tu exclusiva.»

Podríamos continuar ampliando las cláusulas de este contrato que, al ser escrito, «pone los pelos de punta» a cualquiera. No obstante, muchas personas tienen las cláusulas de este contrato de exclusividad relacional grabadas en su mente y, progresivamente, intentan imponerlas a su pareja. Lenta y sutilmente, a veces, y de forma exigente e impositiva, otras, miran de conseguir su cumplimiento.

Esta creencia desadaptativa es causa de mucho dolor y de muchos fracasos en la relación de pareja. Un contrato de este tipo desemboca en conductas de celos patológicos, malos tratos y violencia. El hecho es que sólo nos pertenecemos a nosotros mismos y que el amor sólo vive en libertad; que es importante diversificar los afectos y que al amar a más personas incrementamos esta capacidad. Un contrato de exclusividad empobrece una relación puesto que significa que, en realidad, no amamos bien a nadie. Aprender a respetar la libertad de nuestra pareja es el primer paso en el arte de amar.

... Tenemos... Tenemos que llevar todos los amores que vivimos a nuestro corazón secreto, pues la felicidad no se conoce hasta que no se transforma el amor en conciencia... La realidad demostró al poeta que no podemos eternizar los amores y aconseja no vincularse nunca a un único ser, porque nos aísla y separa. Por el contrario, los amores sucesivos llevan a un conocimiento real de las criaturas que amamos y, al mismo tiempo, el yo no se inmoviliza, aprisionado, aferrado a una figura determinada. Al decir siempre adiós y renunciar a lo que hemos querido, el yo puede realizar sus potencialidades ocultas. Al final, pues, el que amó a un único ser está más solo

con él que nunca, y el que amó a muchos queda a solas
consigo mismo y su verdad.

Carlos Gurméndez[22]

Llenaré todo su mundo

Quiero ser todo en el amor:
el amante, la amada
el vértigo, la brisa
el agua que refleja
y esa nube blanca
vaporosa, indecisa
que nos cubre un instante.

Claribel Alegría

Dice Woody Allen que cuando nos enamoramos solemos intentar reencontrarnos con todas las personas que hemos amado
de pequeños. Entonces podemos caer en el error de pedirle a
nuestra pareja que corrija todas las equivocaciones que nuestros
padres, hermanos o amigos cometieron con nosotros.

El deseo de plenitud amorosa es universal, pero es una falacia pretender que el otro llene todo nuestro mundo, a no ser
que sea un mundo muy pequeño. También lo es creer que podemos llenar otra vida con nuestra mera presencia. Cada uno
es responsable de luchar para dar sentido y contenido a su propia vida, desarrollar su proyecto y elegir qué parte del mismo
compartir con su pareja. Porque como bien dice el personaje de
«Werther» de Goethe:

---

22. «Las soledades del Amor». *La Vanguardia* (05-11-93).

Nadie me dará el amor, la alegría y el goce de las felici-
dades que yo no siento dentro de mí. Y aunque yo tuvie-
ra el alma llena de las más dulces sensaciones, no sabría
hacer dichoso a quien en la suya careciese de todo.

La plenitud será el fruto del contenido interior de cada uno.
Nadie puede llenar las carencias de otro, ni el vacío fruto de
la falta de desarrollo personal, relacional o profesional. Hay
quien intenta vivir a expensas de lo que siembra su pareja sin
aportar nada a cambio. «Llena todo mi mundo», piden o exigen. Y esta demanda pesa demasiado y, además, no es posible
cubrirla. Cuando alguien nos lo pide o nos lo ofrece... hay que
salir huyendo.

Yo lo cambiaré

> *Cuando cambiamos nosotros,*
> *cambia el mundo.*
>
> EUGUENI EVTUCHENKO

El *yo lo cambiaré* es una falacia que puede ser causa de frustración constante e infelicidad. Nadie tiene el poder de cambiar a
otro, aunque parezca que lo consigue.

A veces ocurre que una persona se siente tan insegura y necesitada que está dispuesta a hacer *lo que sea* para ser aceptada
y querida, incluso, dejar de ser quien es. Pero el precio es demasiado caro y, como consecuencia, su personalidad se repliega,
sus deseos se apagan y esta relación de dependencia la aprisiona,
anulándola progresivamente. El resentimiento crece en su interior puesto que, en el fondo, tiene la conciencia de ser utilizada
y de que ella lo permite. Sabe que sólo será aceptada en tanto

consiga parecerse al modelo que el otro desea. Y, cuando se convierte en el proyecto del otro, desaparece todo respeto por sí misma, porque ya no es ella.

En otros casos, el intento de cambiar a la pareja encuentra una tenaz resistencia. Se entra en una lucha de poder y en una batalla de voluntades en la que el más necesitado o el más fuerte acabará imponiéndose. En todo caso, si hay empate, puede finalizar la relación por cansancio y por incompatibilidad pero, sobre todo, por faltar la base de respeto y aceptación necesaria. Nadie tiene el poder de cambiar a otro. De hecho, intentarlo suele ser un desastre.

Cuenta Esopo que, en épocas antiguas, cuando los hombres podían tener varias esposas, un hombre de mediana edad tenía una esposa vieja y otra joven. Las dos lo querían mucho, cada una a su manera, y cada una de ellas deseaba que el hombre tuviera una edad parecida a la suya.

El cabello del hombre empezó a encanecer con el tiempo, poco a poco. Esto no gustaba a la mujer joven porque lo hacía demasiado viejo para ella. Así que todas las noches lo peinaba y le arrancaba todas las canas. La vieja, en cambio, veía complacida cómo el cabello de su marido encanecía, ya que a ella no le gustaba que, a veces, la tomasen por su madre. Por este motivo, todas las mañanas lo peinaba y le arrancaba todos los cabellos negros que podía. La consecuencia es fácil de adivinar. En poco tiempo la cabeza de aquel hombre se quedó sin pelo.

EL DESPERTAR: DEL ENAMORAMIENTO AL AMOR

... Al despertar de su sueño los amantes se ven por primera vez las caras, se reconocen. Entonces comienzan a prestar atención uno al otro, y a la inmovilidad de la

fusión oscura sucede la activa separación cuidadosa, se ven como son, diferentes aunque sigan unidos.

CARLOS GURMÉNDEZ[23]

Dicen que se pasó del románico al gótico por puro aburrimiento y que, de igual forma, se descubre la verruga en la nariz de la pareja cuando uno se ha cansado de ella. Despertamos del enamoramiento y, de repente, vemos aspectos desconocidos del otro que nos inquietan o desagradan.

El camino del amor pide aprender a distinguir y abrir las ventanas que nos muestran la cara invisible del otro y que forma parte de su identidad. Veamos este texto de Eduardo Galeano:

> *Todo tiene, todos tenemos, cara y señal. El perro y la serpiente y la gaviota y tú y yo, los que estáis viviendo y los ya vividos y todos los que caminan, se arrastran o vuelan: todos tenemos cara y señal. Eso creen los mayas. Y creen que la señal, invisible, es más cara que la cara visible. Por tu señal te conocerán.*

«La única llave que abre el amor es la verdad».[24] Muchas personas viven enamoradas de su concepto de amor pero no saben amar a su pareja real. Para pasar del enamoramiento al amor deberemos quitarnos las máscaras que nos esconden y enfrentar nuestra verdad y la del otro. Porque cuando nos enamoramos, somos capaces de reducir la totalidad del otro a unos ojos, a un movimiento, a una voz o a una parte de su ser que nos seduce.

Al finalizar la etapa de enamoramiento tenemos ante nosotros el reto y la posibilidad de construir una relación amoro-

---

23. *El País*, 06-09-93.
24. Pam Chubbuck.

sa y madura. A partir de la verdad, y poniendo en práctica el *principio de realidad*, podemos aprender a ver al otro de forma más completa y con más dimensiones. Para amar hay que estar dispuesto a mostrarnos como somos y a aceptar nuestra vulnerabilidad; hay que confiar y arriesgarse. Entonces, es posible el *despertar*.

EL AMOR SIEMPRE GANA

—¿Te he explicado alguna vez la tensión de los contrarios? —dijo.

—¿La tensión de los contrarios?

—La vida es una serie de tirones hacia delante y hacia atrás. Quieres hacer una cosa, pero te ves empujado a hacer otra. Algo te hiere, y desde ese mismo momento sabes que no tendría que ser así. Crees que algunas cosas las tienes garantizadas, aunque sepas que nunca nada debe darse por garantizado. La «tensión de contrarios» es como estirar un brazalete de goma. Y la mayoría de nosotros vivimos en algún punto del medio.

—Esto parece un combate de *catch* —rió.

—Sí, así se puede describir la vida.

—Y al final, ¿qué lado vence?

Me sonríe, los ojos arrugados, los dientes torcidos.

—Gana el amor. El amor siempre gana.[25]

25. Mitch Albom. *Martes con mi viejo profesor*. Maeva, 2005.

EL ACOMPAÑAMIENTO

Mi esposa era básicamente inmadura. Cuando yo estaba
en la bañera, venía ella y me hundía los barquitos.

Woody Allen

La pareja forma parte de la familia elegida. No es una obligación, sino una elección fruto de nuestra libertad. Y la elección de
la persona que nos va a acompañar como pareja, en un tramo
de nuestro camino vital, va a ser un factor esencial en la dinámica de nuestro desarrollo humano. Los criterios en los que
basemos su elección tendrán un papel importante en el acierto
de la misma.

El acompañamiento es algo maravilloso, potencia, complementa, envuelve, respeta y promueve la empatía. Todos es-
taríamos de acuerdo en que cuando un excelente cantante da
un concierto, el resultado puede ser fatal si los músicos que lo
acompañan desafinan, no siguen el ritmo o actúan sin pasión
y con desidia. Puede ser desastroso si se oye más a los instru-
mentos que al cantante, o si la potente voz del mismo tapa
una tímida musiquilla de fondo. Se trata de hallar la sincronía
y el equilibrio de tal forma que cada uno sepa respetar los solos del otro, adaptarse a sus cambios de ritmo, improvisar en
determinado momento y quedarse haciendo un solo cuando el
otro calla. Así mismo debería ocurrir en la relación de pareja:
disfrutar del acompañamiento mutuo potenciándonos en lugar
de intentar hacernos oír ahogando la voz del otro.

Quizá no seamos bastante conscientes de que la elección de
pareja condiciona nuestra propia construcción. No somos los
mismos que hubiéramos sido de haber elegido otra pareja. Tal
vez ni mejores ni peores pero, en todo caso, distintos. Si queremos un buen acompañamiento es importante tener presente

que los valores y los ideales de ambos deben ser compatibles. También será preciso aprender a ser buenos compañeros y a preocuparnos de crear un ecosistema emocional adecuado donde podamos crecer conjuntamente.

¿PERSONAS «INTELIGENTES» QUE ESCOGEN MAL?

Cuando el orgullo se mezcla con la ignorancia se inicia la destrucción.

En ocasiones se elige mal la pareja porque los criterios de elección se basan en *valores estéticos* o de imagen, aspectos *superficiales* producto de un estereotipo social inculcado durante muchos años y que no hemos modificado de adultos. En otros casos —y principalmente en personas mayores de treinta años— , puede darse cierta *presión familiar y social* para formar pareja y tener hijos. Es frecuente la sensación de hallarse anclados en un andén y ver que «el tren se les escapa». La impaciencia y angustia que se genera les puede empujar a tomar decisiones precipitadas y equivocadas.

El *miedo a estar solos* es otro factor añadido. A algunas personas la soledad les causa tal inquietud que prefieren vivir «mal acompañadas». Entonces eligen vivir en pareja como remedio a la soledad. El error de planteamiento reside en la ignorancia de que la *soledad en compañía* es mucho más angustiosa que la otra.

Otro criterio desafortunado es el basado en la *comodidad* de querer «ser servido». Se forma pareja para tener una persona cercana que se preocupe de que la vida diaria funcione sin demasiados inconvenientes. Se trata de que todo el engranaje vaya bien: la comida esté preparada, el dinero llegue a casa y haya quien se encargue de resolver los problemas cotidianos y cuidar de nuestras necesidades.

La elección también puede ser consecuencia de un *aprendizaje desadaptativo* después de haber «fracasado» en otras relaciones. Hay quien opta por buscar un modelo opuesto al de la pareja anterior. Por ejemplo, una persona sumisa que no haga excesivas demandas y no cause problemas, cuando la pareja anterior era asertiva y marcaba límites; o una persona que los salve y les diga lo que tienen que hacer, cuando la anterior era poco estructurada o poco decidida. Se trata de cambiar el modelo de pareja en lugar de mirar hacia uno mismo. De hecho, siempre es más cómodo situar la causa del fracaso en la mala elección efectuada que plantearse la propia conducta y capacidad de amar.

Otro elemento que interviene en la elección de pareja surge del modelo familiar en el que uno se ha criado. Si no se han resuelto los *problemas de dependencia respecto a los padres* es posible que la pareja elegida tenga puntos en común con alguno de ellos: se ha buscado una pareja sustituta de la figura paterna o materna. Alguien que supla al padre o a la madre ausente, que dé seguridad, que evite el miedo a enfrentarse con la propia incapacidad. Las posibilidades de construir una relación en la que sea posible un crecimiento conjunto serán escasas. Se busca alguien que *supla* a otro.

¿Por qué se elige de forma poco inteligente? Porque es difícil elegir lo que nos conviene si no *nos conocemos a nosotros mismos,* no sabemos realmente qué necesitamos, qué queremos y no nos damos la oportunidad de saberlo. La *ignorancia* de que nuestra construcción personal va a estar influida en gran parte por la pareja que nos acompaña, unida al desconocimiento de nosotros mismos, puede movernos a buscar una persona que llene nuestro vacío y compense nuestras zonas de inseguridad. A menudo la pareja escogida es alguien que también se siente incompleta y que también está necesitada, con lo cual se creará una relación de dependencia que bloqueará el desarrollo de ambos.

Nos preguntamos si realmente las personas que eligen tan mal pueden ser consideradas inteligentes en el sentido emocional y ecológico. La respuesta es un claro «no». La inteligencia no consiste sólo en la capacidad de gestionar datos y conocimientos sino, especialmente, en saber gestionarse uno mismo para desarrollarse y desplegar todo el potencial adaptativo.

Finalmente, volvemos a afirmar, por duro que parezca, que todos tenemos la pareja que hemos escogido, y que nos merecemos la pareja que tenemos. Y si alguno de los lectores considera que no es así, que se haga la pregunta siguiente: Si considero que me merezco una pareja mejor, si me considero poco amado o incluso despreciado o maltratado por mi pareja... ¿Por qué continuo con ella? ¿Por qué no finalizo la relación?

Somos responsables de la relación que tenemos. En lugar de quejarnos de ella podemos intentar mejorarla, también podemos trabajar para mejorarnos a nosotros mismos, ser más creativos y amar mejor, y es precisamente en este punto donde tenemos mayor control. Lo mejor será finalizar una relación que sea desadaptativa o destructiva. Proponemos que os hagáis las siguientes preguntas: ¿mi relación de pareja alienta mi mejora personal, la detiene o la interfiere? ¿cómo me siento al respecto? Y si no os gustan las respuestas siempre es mejor pasar a la acción en lugar de quejarse, amargarse o hacerse la víctima. Hay algunas cosas en la vida que no podemos escoger, pero nuestra pareja no es una de ellas.

UN COMPLEMENTO ESENCIAL

Necesitaba los ojos de los demás para verse,
los sentidos de otro para sentirse.

ANDRÉ MALRAUX

Hay una expresión que nos llama mucho la atención: «Mi pareja es un complemento esencial». Si algo es esencial, no puede ser complementario y viceversa. ¿O sí?

Complemento: 'aquello que es preciso añadir a una cosa para que sea completa', según definición del diccionario. Esencial: 'aquello por lo que una cosa es lo que es'.

> La madre: ¿Qué es lo que le gusta a tu novia de ti?
> El hijo: Piensa que soy guapo, inteligente y simpático y que bailo muy bien.
> La madre: ¿Y qué te gusta a ti de ella?
> El hijo: Que piensa que soy guapo, inteligente y simpático y que bailo muy bien.

¿A alguien le gusta ser la mirada que otro necesita urgentemente para sentirse, para saberse, para gustarse? En la anécdota anterior el hijo no ama a su novia sino lo bien que ésta le hace sentir. La novia sólo es un complemento en su vida, alguien sin entidad propia que será tratada como tal.

Proponemos *no ser complementos de nadie y no ser esenciales para nadie*. Reivindicamos que cada uno tiene su esencia. Juntos podemos gozar del aroma del otro y compartir el placer de la diversidad de esencias. Pero para que esto sea posible debemos construir un *yo íntegro*. Es necesario que nos convirtamos en la persona adecuada en lugar de estar constantemente buscando a la «persona adecuada».

LOS CONTAGIOS EMOCIONALES Y CONDUCTUALES

> *Un tonto siempre encuentra otro más tonto que lo admira.*
>
> Nicolas Boileau

Nuestra estabilidad emocional depende en buena parte del tipo de relaciones que establecemos con los demás. Nuestro entorno puede ser adaptativo, en el sentido de facilitar nuestro desarrollo, o desadaptativo en el sentido de dificultarlo o alterarlo.

De niños no escogemos nuestro medio relacional pero, a medida que crecemos, vamos eligiendo las personas que nos acompañarán en nuestro camino. Los adultos somos responsables de la calidad emocional del medio psicoecoafectivo en el que vivimos, donde podemos crecer y ser. La pareja, conjuntamente con los amigos, es una de nuestras más importantes elecciones afectivas.

Sabemos que existe un contagio emocional por cercanía y convivencia y que este contagio puede ser positivo o negativo para la propia evolución y equilibrio emocional. Si se trata de un contagio negativo hablamos de *contaminación emocional y conductual*. El clima emocional global es el resultado de la interacción de los climas individuales de las personas que comparten un espacio. Y sabemos que hay *climas emocionales* altamente contaminantes.

Nuestros sistemas límbicos, sedes de nuestro mundo emocional, se comunican entre ellos. De forma similar a diales que pueden sintonizar la misma longitud de onda, tendemos a contagiarnos emocionalmente cuando domina determinada calidad de emoción en el medio en el que vivimos. Así podemos contagiarnos la risa, la alegría, la curiosidad, la serenidad, el malhumor, la tristeza, el optimismo o el pesimismo, el afán de superación o el sentimiento de derrota.

Dime con quien andas y te diré quién eres

Si nos rodeamos de personas pequeñas
acabaremos convertidos en enanos.

Alguien que se respeta a sí mismo no elige como compañero a una persona que le humilla o arremete, que le prohíbe ser y hacer, que le utiliza y que le quiere sólo para su comodidad o placer. No se acompaña de una persona que le diga a todo que sí y que no le rete a ser él mismo.

Alguien que se respeta elige a alguien que también se respeta a sí mismo, que sabe ser generoso y compartir. Alguien que se ama y que es capaz de amar, no elige una persona egoísta o narcisista y, en caso de hacerlo y darse cuenta, da un paso adelante y corta con esta relación. De no ser así ambos acabarán con esta misma tonalidad emocional.

Dime con quién andas y te diré quién vas a ser

Los hechos no dejan de existir
por el simple hecho de ignorarlos.

Según con quien vayamos, así acabaremos siendo, porque nos vamos a contagiar emocionalmente el uno al otro. Sabemos que tendemos a adaptarnos al medio en el que nos movemos para ahorrar energía y evitar conflictos. Así pues, si quien nos acompaña en la vida es una persona generosa y creativa seguramente vamos a movilizar y activar esta parte de nuestro potencial humano. Si por el contrario quien nos acompaña es alguien poco respetuoso, egoísta y rutinario, de forma progresiva iremos adoptando conductas en esta línea.

La adaptación al medio es necesaria para evitar sufrir demasiado. Con este fin hay quien huye de sí mismo, deja de ser quien es y abandona la esperanza de ser quien habría querido o podido ser. Elige «anestesiarse» para poder continuar en un medio desadaptativo, sin demasiado esfuerzo y, aparentemente, con poco riesgo.

Elegir como pareja a alguien con un proyecto propio de desarrollo personal, que quiere ser y dar «lo mejor de sí mismo», no supondrá necesariamente mantener una relación fácil o cómoda. La ruta para construir un *nosotros* sin dejar abandonado al *yo propio* es una de las más difíciles. No obstante, el *contagio emocional positivo* y el *efecto boomerang*, dentro de la dinámica de la pareja emocionalmente ecológica, van a generar un gran caudal de energía positiva, creativa y amorosa. Así podremos construir una «nueva nación conjunta» en la que ambos podremos crecer y dar lo mejor de nosotros mismos.

2

DEL YO...

Nos podemos amar porque somos
diferentes y nos podemos distinguir.

Para compartir nuestro camino, será necesario
tener un camino para compartir.

El mejor encuentro no garantiza nada. Aunque a
partir del mismo tenemos la posibilidad de tender
puentes de comunicación que nos permitirán
acceder al otro, deberemos estar dispuestos a
emprender la tarea de construirlos y cruzarlos.

Somos nuestra relación. En lo que se refiere a
nuestra pareja, tenemos lo que nos hemos elegido,
por no decir lo que «nos merecemos».

El deseo de plenitud amorosa es universal, pero es
una falacia pretender que el otro llene todo nuestro
mundo, a no ser que sea un mundo muy pequeño.

3

... AL NOSOTROS

Crear o destruir, este es el dilema:
Si no somos creativos en nuestra relación de pareja,
la energía retenida va a destruir la relación.

ECOLOGÍA EMOCIONAL

NO HAY HORIZONTE

Eduardo Galeano nos cuenta la historia de un hombre y una mujer que, fascinados por el deslumbrante paisaje de colorido y luz que brotaba ante sus ojos, decidieron ponerse a caminar en busca del horizonte:

Andaban y andaban y, a medida que avanzaban, el horizonte se alejaba de ellos. Decidieron apresurar sus pasos, no detenerse ni un momento, desoír los gritos del cansancio, la sed y el hambre. Inútil, por mucho que aceleraron la marcha y multiplicaron sus esfuerzos, el horizonte seguía igualmente lejano, inalcanzable. Cansados y decepcionados, con los pies destrozados de tanto andar y ante el vértigo de la sensación de haberse fatigado inútilmente, se dijeron derrotados:

—¿Para qué nos sirve el horizonte si nunca lo vamos a alcanzar?

Entonces escucharon una voz que les decía:

—Para que sigan caminando.

DECIR PAREJA NO ES DECIR AMOR

El amor es una condición necesaria
pero no suficiente para vivir en pareja.

El principio esencial para la armónica convivencia en pareja y la construcción del buen amor parte de dos personas autónomas, independientes y enteras, que se eligen en libertad y con responsabilidad. Elegir crear va a movilizar mucha energía amorosa. En cambio, si no somos creativos, si la elección parte del desespero, de la comodidad y del miedo, o si la pareja es una forma más de vida rutinaria y sin proyecto... la energía retenida se dirigirá a la destrucción de la relación y de cada uno de sus integrantes.

Somos seres contradictorios. Por un lado uno puede sentirse atraído por una persona independiente y no sometida —puesto que alguien así le inspira respeto y admiración— y querer mantener una relación de pareja con ella. Pero por otro, lo que en el fondo quizás desee es poseerla completamente, y el hecho es que alguien independiente y autónomo nunca podrá ser poseído, sólo gozado y amado. Los intentos en este sentido sólo lograrán hacer huir a quien no quiere ser encarcelado o, en caso que se deje poseer —perdiendo su esencia libre—, dejará de ser deseada por su carcelero.

Decir pareja no es decir amor. Hay parejas que se limitan a hacerse compañía y a compartir piso, hipoteca, hijos (lo que no significa responsabilidad y crianza compartida) y actividaddes sociales. Pero el amor profundo mostrado en conductas amorosas diarias de comunicación, cuidado, responsabilidad y compromiso, está ausente. También hay personas que se aman pero que deciden no formar pareja y optan por fórmulas de relación que se salen de los esquemas habituales. Creemos que ha llegado el momento de abrir la mente a la posibilidad de que no exista sólo un modelo válido para todos.

La pareja no debería ser una finalidad por sí misma sino una opción de crecimiento personal, una relación que nos permita ser mejores personas y que facilite nuestro desarrollo individual a la vez que el crecimiento conjunto. De no ser así, consideramos que la opción «pareja» no se justifica.

Si el hecho de vivir con determinada pareja nos cierra, si nos deja contra la pared, si por mantener esta relación abandonamos una parte importante de lo que somos, si nos replegamos, si nos apagamos, si nos acomodamos... decir pareja no será decir amor: ni amor por nosotros mismos, ni amor al otro, ni amor al mundo, puesto que también el mundo se perderá nuestra aportación individual en forma de energía creativa.

CREAR: CONSTRUIR UNA NUEVA NACIÓN

> *Si amamos sufrimos;*
> *si no amamos, enfermamos.*
>
> SIGMUND FREUD

Cuando se inicia una relación, no existe un espacio emocional conjunto y puede no llegar a existir jamás. Una relación no se encuentra, se construye y esto no es algo que suceda de forma automática. Va a suponer una tarea diaria, consciente y constante de creatividad.

Cada uno llega al otro con una «mochila» repleta de costumbres, hábitos, rutinas, intereses, experiencias, aprendizajes, deseos, emociones, sueños, ilusiones, desengaños, pérdidas y nuevos proyectos. Cada uno llega con una concepción particular de territorio, de estatus y de poder así como con determinada capacidad para dar y para recibir. Dos territorios diferentes, interesantes los dos. No se debe ni se puede renunciar o cambiar aquello que ha formado parte de uno mismo hasta este momento, pero podemos iniciar la construcción de una nueva nación común. No hace falta perder la propia integridad ni tampoco diluirnos en el otro. Tenemos la posibilidad de tender puentes amorosos entre nuestras dos existencias manteniendo, al mismo tiempo, cada una de ellas intacta. Esta es la nación posible y maravillosa que podemos crear juntos.

La relación de pareja supone explorar el mapa emocional del otro, ir captando sus límites y también detectar las fronteras y las barreras que ha alzado; tener activada la sensibilidad para darnos cuenta de hasta qué zona de su yo nos deja acceder sin incomodarlo y cuándo se siente invadido o amenazado. Este aprendizaje empático va a ser uno de los aspectos básicos para convivir en armonía.

El espacio conjunto, el *nosotros* —como propone Sergio Sinay—,[26] consiste en formar un *equipo afectivo* que potencie el crecimiento personal de cada uno de los miembros de la pareja, a través del despliegue y actualización de sus potenciales de mejora y de su capacidad de aprendizaje. Uno es mejor porque formar parte de este equipo le permite asumir mayores y mejores retos personales; porque cuando no es coherente, el otro se lo dice y porque, cuando se rinde, el otro lo anima a perseverar. Uno es mejor porque puede ser y sentirse él mismo sin miedo a

---

26. Sergio Sinay. *El arte de vivir en pareja*. RBA, 2005.

que su confianza se vea traicionada y porque también, a su vez, puede generar confianza y ser generoso.

Al inicio de la relación de pareja esta nación común no existe. Hará falta la energía de los dos para conseguirla. Por mucho que uno quiera, no lo puede conseguir solo. El proyecto en común es, precisamente, la tarea en la que el equipo afectivo va a invertir su energía para crecer individual y conjuntamente.

DE DONDE YO VENGO

> *Escucha el silencio de los demás: presta atención a su soledad. De otra forma no podrás conocerlos.*

Al encontrar al otro es importante contarle de dónde venimos; es esencial prestar atención a su relato y escuchar su silencio a la vez que sus palabras. Sólo así podremos acogerlo amorosamente:

«Yo vengo de un silencio y de un país de palabras, de un estado con límites y fronteras, zonas minadas, pantanos, ríos y puentes. Vengo cargado de un equipaje formado por costumbres, rutinas y rituales. Mis lugares están pintados con colores de alegría y dolor, desconfianzas y seguridades, esperanzas y miedos. Llego con un tramo de mi camino recorrido con otros compañeros que no son tú, con otros viajeros con los que he aprendido, reñido, reído, llorado y amado.

«Vengo a ti con una historia familiar y una cuenta abierta de deberes, obligaciones, responsabilidades y elecciones. Llego cargado de tópicos, de marcos de referencia, afectos y desafectos; vengo a ti con mis miedos, mis seguridades, mis deseos, mis sueños y mis ilusiones que han nacido antes de mi encuentro contigo. Traigo señales de heridas recibidas, territorios emocionales prohibidos y muchos parajes interiores por explorar. Vengo a ti con vida vivida y un futuro posible.

«Me encuentro contigo, que también llevas a cuestas silencios y afectos, una nación distinta a la mía de la cual nada conozco, excepto una zona pequeña que vislumbro y me atrae. Somos dos cartografías emocionales de las que poco sabemos. No deseo venderte la mía, no quiero comprar ni hacer mía la tuya. Te propongo explorar juntos un nuevo camino.»

No es fácil escuchar el silencio del otro y prestar atención a su soledad. La vida vivida antes del encuentro no se puede cambiar, sólo integrar positivamente. Pedir al otro que no sea quien es, que no venga de donde viene, que no presente huellas de heridas anteriores ni memoria afectiva es un posicionamiento inmaduro.

Si queremos construir el amor a partir del encuentro deberemos trabajar en esta nueva nación conjunta diseñando y explorando un mapa nuevo que compartiremos. La comunicación de calidad será esencial para conquistar nuestro territorio de pareja. A medida que creamos un clima de confianza —esta pieza esencial del amor—, podemos acceder a los paisajes del otro, si este así lo desea. El mapa conjunto explorado formará la nueva nación, un territorio donde todo será posible si así lo queremos.

EL PROYECTO DE PAREJA CREATIVO

Abandonar puede tener justificación,
abandonarse no la tiene jamás.

RALPH WALDO EMERSON

Iniciar una relación de pareja provoca una gran ilusión y puede ser fuente de crecimiento si se asienta en una base inicial productiva. No hay mayor aventura que «aventurarse en el otro».

La construcción del espacio conjunto no es algo que se haga en determinada etapa de la vida de pareja y luego finalice. Las relaciones son sistemas de fuerzas dinámicos que no deben descuidarse. La pareja no va a existir si sólo lo quiere uno y el otro se limita a aceptar. La creatividad en la relación debe llegar por ambos lados o, en caso contrario, está condenada de antemano.

El espacio común creativo —proyecto— no puede surgir en un sistema pasivo-activo de relación. Requiere tiempo, trabajo y cuidado. Se trata de amar los dos juntos otras cosas. Y si uno se acomoda a las demandas del otro cediendo a sus deseos, a su voluntad o perdiendo territorio, la relación evoluciona hacia la acomodación, la rutina y la muerte de la creatividad además de hacia una dependencia mutua.

¿Qué tamaño debe tener este espacio común? Cada pareja debe decidirlo. Lo que está claro es que, de no existir, no podemos hablar de relación de pareja sino de *individualidades convivientes*. Sería parecido a compartir el piso con alguien que apreciamos o con el que nos es cómodo vivir, pero al que no nos une ningún proyecto de vida.

El «nosotros» sólo podrá existir si previamente hay un «yo» y un «tú». Si sólo evoluciona uno de los integrantes de la pareja, la relación puede derivar en una especie de vampirismo en la cual uno se alimenta de los afectos, ideas, relaciones, iniciativa y creatividad del otro. Este sistema de fuerzas sólo funciona si existe un desequilibrio por ambas partes: la necesidad de uno de ser un permanente «suministrador» —como una ubre siempre disponible (gracias a lo cual recibe reconocimiento, halagos y se siente poderoso o útil)— y la necesidad del otro de ser un «receptor» que es alimentado sin necesidad de esforzarse lo más mínimo. En este sistema de pareja no hay *proyecto amoroso creativo* sino un pacto de primera necesidad.

Preguntaba una pareja de recién casados:

—¿Qué deberíamos hacer para que perdure nuestro amor?

Y esta fue la respuesta del maestro:

—Amad los dos juntos otras cosas.[27]

La armonía se logra cuando ambos están disponibles y sensibilizados para escuchar otras melodías.

EL MISTERIO

Yo percibía un núcleo peculiar, tumultuoso y solitario: un inmenso santuario interior en el que se desarrollaba buena parte de su vida.

SIRI HUSTVEDT

«Lo esencial se resiste a ser contado».[28] Toda vida es inexplicable y, cuando lo intentamos, sólo relatamos fragmentos y anécdotas de lo que es la otra persona. A veces nos parece entrever la verdadera historia, en medio de las palabras que no alcanzan, aquella esencia a la que nunca podremos acceder. Este es el misterio del ser humano y parte de su grandeza.

Hay zonas de nosotros mismos que desconocemos y otras que sólo a nosotros nos conciernen. Forman parte de nuestro misterio. En el mapa emocional de cada persona existen «dragones» que señalan el territorio inexplorado. Nosotros elegimos

---

27. Anthony de Mello.
28. Decía Paul Auster en el libro *La habitación cerrada.*

si lo exploramos asumiendo el riesgo que comporta su conocimiento, o bien si lo dejamos intacto y desconocido.

Hay otros espacios que uno conoce y que forman parte de su territorio íntimo. Todos tenemos derecho a no ser desnudados emocionalmente y a que nuestro misterio sea respetado. Somos parecidos a paquetes por abrir, siempre sorprendentes y nuevos. Podemos ser terriblemente previsibles, pero también tenemos el derecho de no serlo. Misterio e intimidad van unidos. La intimidad con el otro, siempre distinto e imprevisible, no puede existir si no partimos de una buena intimidad con nosotros mismos.

El misterio, como la intimidad, se nutre de miradas, de aromas, de tacto, de sonidos y músicas; de texturas, sensaciones y sentimientos. A veces podemos acceder a este núcleo tan especial y privado. Mantener y nutrir el misterio es necesario para nuestro equilibrio y para nuestro espíritu. Es una zona que debe quedar inviolada. Es nuestro yo para nosotros mismos, este santuario interior al que podemos regresar y recurrir cuando nos sentimos desconsolados o desequilibrados. Es un espacio referente del que nadie puede expulsarnos porque se halla en un territorio interior inaccesible para los demás. Quien dispone de este espacio nunca más se sentirá solo. Ya lo decía Albert Einstein: *Lo más hermoso que podemos experimentar es lo misterioso.*

LA SORPRESA

El descubrimiento es una parte de la alegría de vivir.

LOU MARINOFF

SORPRESA: Algo que nos atrapa, conmueve el ánimo por inesperado, nos maravilla, admira, escapa a nuestras expectativas.

¿Qué nos sorprende en nuestra relación de pareja, de nuestra pareja y de nosotros mismos?

Para sorprenderse hay que estar dispuesto a dejarse sorprender, es decir, abierto a lo que nos llega y también dispuestos a mirar con mirada renovada los paisajes cotidianos como si fuera la primera vez que los vemos. Obertura, curiosidad, cierta inocencia y creatividad son elementos necesarios para cultivar la sorpresa en la relación de pareja.

Verónica Cheja dice: «En los amores pasajeros lo que uno busca son cosas excepcionales; en los amores profundos lo que uno quiere es tiempo para compartir las cosas de todos los días; porque las cosas de todos los días se convierten en excepcionales.»

Si queremos vivir muchos años con la persona que amamos es importante procurar sorprenderla cada día. Sorpresa es lo contrario de rutina, de lo sabido y de lo dado por supuesto. El primer paso para cultivar la sorpresa es ser capaces de renovarnos a diario, no dejarnos decaer, mejorarnos en todos los aspectos y no abandonar nuestro crecimiento personal. Además, para mantener viva la sorpresa será preciso ser creativo en los detalles, sensible a las necesidades del otro y a las propias; permitirnos explorar cosas nuevas, adquirir nuevas capacidades, opiniones y aprendizajes. Se trata de poner en juego nuestras mejores y distintas facetas; evolucionar, en definitiva.

Cuando ya todo es sabido y uno anticipa lo que va a ocurrir cada día, lo que va a decir, y lo que se le va a responder; cuando la rutina tiñe la vida cotidiana y ya nadie se esfuerza en mirar nuevamente al otro; cuando el afán de explorar conjuntamente y comunicarse muere, la relación de pareja muere. Cultivar el territorio de la sorpresa es un camino ecológico y adaptativo para que el *nosotros* sea una zona a la que se desee llegar, porque allí podemos sentirnos más nosotros mismos y más vivos.

LA RECIPROCIDAD

Te dejaré entrar en mis sueños, si me haces un sitio en los tuyos.

BOB DYLAN

¿Acaso es posible amar sin que te amen? ¿Una pareja está emocionalmente sana si sólo uno es generoso en la expresión amorosa? La reciprocidad es para nosotros un elemento esencial. Y reciprocidad no significa una relación de intercambio en la que se lleva la contabilidad de las inversiones realizadas y se espera idéntica contrapartida. Para muchas personas el amor se ha convertido en una mera transacción en la que todo se cuantifica: *yo te doy tanto... tú me debes tanto.* A veces esperamos que nuestra pareja sea capaz de dar satisfacción a todas nuestras necesidades llegando a plantearnos el amor como un valor similar a un dinero colocado «a plazo» que debe dar buenos réditos.

Transacción no es reciprocidad. Raramente la generosidad se incluye en las transacciones, pero siempre se halla en la reciprocidad. No hay nada peor que convivir con alguien egoísta y autocentrado que sólo sabe pedir y recibir pero que raramente comparte de forma generosa. La asimetría puede llegar a ser tan grande que sólo se mantendrá la pareja si existe una relación insana de dependencia. El que nada recibe, suele tener algún tipo de ganancia secundaria para permitir que este sistema injusto pueda seguir. A veces ya ha integrado un rol de «víctima» y se siente gratificado al ser compadecido; otras veces se siente poderoso al considerarse «salvador» del otro. Este continuo «dar sin recibir nada a cambio» puede ser la forma de huida de alguien inseguro y con baja autoestima que no se considera digno de ser bien amado.

La reciprocidad significa que en la construcción del proyecto conjunto intervienen dos personas, cada una aportando materiales distintos, pero decididas a ser generosas y a invertir esfuerzo y trabajo diarios para que la relación avance y crezca. En la relación de pareja cada uno aporta lo que es. Nadie es capaz de dar el amor que no tiene y que no siente por sí mismo. Nadie puede dar más de lo que es. Por lo tanto, para que exista la posibilidad de reciprocidad debemos partir de la generosidad con nosotros mismos y de la sensibilidad y empatía hacia las necesidades del otro.

LA INCERTIDUMBRE

La necesidad nunca cerró un trato ventajoso.

Incertidumbre: que admite dudas, que no es seguro. La relación de pareja nunca es garantía de nada. Iniciar este camino supone entrar en una zona de incertidumbre, de duda, de pregunta y de exploración. A todos nos gustaría estar seguros de que nuestra elección ha sido la correcta, de que la convivencia será un éxito y una ruta certera hacia nuestra felicidad. Pero lo cierto es que, al relacionarnos íntimamente, siempre nos exponemos y nos volvemos vulnerables, al bajar nuestra defensas y mostrarnos sin protección.

Aprender a convivir con la incertidumbre, sin que esta nos angustie, aceptándola como una parte más de la vida e incluso como algo necesario, es una tarea importante que tenemos como individuos y seres sociales. Podemos aprender a vivir la incertidumbre como algo positivo si la utilizamos para trabajar valores como la confianza, la provisionalidad, la no posesión y el desprendimiento. Si por el contrario la vivimos con rechazo o miedo, corremos el riesgo de amarrarnos tanto al otro que acabemos asfixiándolo o ahuyentándolo. El otro siempre es incierto porque es cambiante, de igual forma que también nosotros lo somos. Si nos anclamos en las seguridades para evitar esforzarnos y adaptarnos a los cambios, vamos a detener nuestra evolución y nuestra relación. Cuando decidimos quedarnos con alguien porque lo necesitamos, porque es lo conocido y seguro, hacemos una elección poco inteligente. Las relaciones de pareja emocionalmente ecológicas piden flexibilidad, moverse en espacios de riesgo y capacidad para aceptar la sorpresa y el misterio.

LO QUE NO SE DICE

Sólo la absoluta y dolorosa sinceridad puede conseguir que una pareja crezca unida.

PAM CHUBBUCK

Cuando un hombre, cuyo matrimonio estaba en dificultades, buscó el consejo del Maestro, éste le dijo lo siguiente:

—Debes aprender a escuchar a tu mujer.

El hombre siguió fielmente su consejo regresando al cabo de un mes para decirle que había aprendido a escuchar cada palabra dicha por su mujer.

Entonces el Maestro le dijo con una sonrisa:

—Vuelve ahora a casa y escucha cada palabra que tu mujer no haya dicho.[29]

---

29. Anthony de Mello.

Lo que no se dice en una relación va construyendo una máscara defensiva en cada uno de los miembros de la pareja. Es una especie de cosmético emocional que oculta, disimula y protege. La máscara, a la vez que protege del dolor derivado de la cruda sinceridad, va bloqueando el intercambio de energía de la relación formando una especie de nudos que no permiten que ésta fluya. Si cuando nos comunicamos llegamos a uno de estos nudos, no podemos continuar porque el camino está obstruido y debemos dar rodeos y buscar otras rutas para conseguir nuestro objetivo. El derroche de energía es grande, nos cansa entablar diálogo al haber tantos puntos de peligro, prohibición y caminos sin salida. No nos permitimos expresar el dolor, la tristeza o la inseguridad. El miedo nos bloquea el paso y el engaño o la mentira aparecen en forma de *aquello que no se dice*. Lo cierto es que, si no somos sinceros con nuestra pareja, será difícil que podamos seguir creciendo juntos y unidos. A partir de ahí, nuestros caminos se van a alejar, el frío emocional va a ser el clima dominante y la soledad en compañía nuestro acompañante habitual.

Lo que no se dice —y esperamos que nuestra pareja adivine—, se convierte en material de frustración y descontento constante. El otro no puede saber cómo amarnos bien a no ser que le guiemos comunicándole nuestro pensar, nuestro sentir y nuestro querer. De no hacerlo así, nuestras expectativas defraudadas se pueden convertir en un caldo de cultivo donde crecerán la ofensa, el rencor y el resentimiento. Sólo la apertura hacia el otro y una actitud de comunicación y atención constante permitirán que la relación no se contamine por la basura emocional retenida o mal gestionada.

Si alguien cree que todas las frutas maduran al mismo tiempo que las fresas es que no sabe nada de las uvas.

PARACELSO

Un hombre amaba profundamente a su compañera. Esta no se sentía muy bella puesto que en su cara habían quedado marcadas las cicatrices causadas por la viruela que padeció de niña.

Vivían noches de amor y de pasión de entrega sin medida, de carne y de espíritu. Vivían días llenos de risas y trabajo compartido, de canto y de llanto.

Un amanecer ella le dijo:

—Amor mío, ¡cuánto lamento que mi piel no sea tan suave como un nenúfar para tus besos!

—¿Por qué dices esto, amada mía? —preguntó el hombre muy extrañado.

Ella intuitivamente comprendió hasta qué punto él jamás había reparado en lo que ella consideraba sus feas señales. Él había sido capaz de mirar más allá de la superficie y, así, la había encontrado realmente a ella.[30]

Es esencial aprender a amar al otro por sí mismo. Amar supone alegrarse de que el otro exista y, también, no querer cambiarlo según un patrón elegido por nosotros en función de nuestras necesidades o deseos. Durante la etapa del enamoramiento solemos prendarnos de un ser inexistente convocado por nuestra imaginación, nuestra ilusión y nuestros sueños. Nos sentimos atraídos por lo que muestra y por lo que intuimos que contiene

---

30. Falta el texto de la nota.

su interior, pero nos basamos en lo superficial que vemos o en lo que imaginamos que contiene. Sólo a medida que avanzamos en su conocimiento, el otro irá adquiriendo «su propio contorno» en lugar del que nosotros habíamos diseñado o esperado. Y es posible que llegue un momento en que la diferencia entre nuestra expectativa y su realidad nos cause decepción, desilusión y enojo. Si sucede así, podemos adoptar distintas estrategias: *intentar cambiarlo* presionándolo para que se adapte a lo que deseamos; *resignarnos a lo que vemos* —y quedar anclados en la decepción, ira o resentimiento—; o bien *adentramos a investigar en el misterio del otro*, manteniendo un marco de relación abierto y flexible en el que cada descubrimiento pueda ser incorporado y compartido.

La aceptación de la esencia del otro, unida al respeto a su libertad, crea el mejor clima para expresar lo que valoramos y tratar conjuntamente los puntos de mejora de ambos. En cambio, la crítica destructiva y el constante reproche provocan mucho dolor y fomentan la creación de mecanismos de defensa para protegernos del rechazo que percibimos. Aceptar al otro no supone, en ningún caso, resignarnos a aguantar sus conductas o características más desadaptativas o desagradables. Los conflictos deben ser abordados siempre. Pero una cosa es manifestar el rechazo a cierta conducta y otra muy distinta rechazar a la persona. Por ejemplo, no es lo mismo decir *esta conducta ha sido muy poco generosa y te pido que...*; que manifestar ¡*eres un completo egoísta*! Se trata de mirar a nuestra pareja más allá de la superficie, conectarnos con su ser más profundo, apreciarla y, a partir de ahí, ayudarnos a mejorar ambos. Se trata de poder afirmar: *Te quiero por ser quien eres. Te quiero porque puedo respetar tu deseo de mejorar como ser humano, tu capacidad de lucha y tu generosidad*. Se trata de que juntos podamos ser mejores de lo que seríamos individualmente de no ser un *equipo afectivo*.

¿ESTEREOTIPOS O TENDENCIAS?

No vemos las cosas como son
las vemos tal y como somos nosotros.

ANAÏS NIN

Decía Nietzsche que «La felicidad del hombre reza: «yo quiero»; la felicidad de la mujer reza: «él quiere»».[31] ¿Esta afirmación sigue siendo válida en la actualidad? De ser así, el proyecto *nosotros* está perdido. No obstante, plantearlo es interesante y nos lleva al terreno de las dependencias afectivas.

La afirmación anterior parte de un tipo de mujer que no piensa en su propia realización personal ni en sus necesidades y proyectos como ser humano, que supedita su vida o renuncia a sus proyectos para estar a disposición de su pareja. Una vida de sacrificio que acabará pasando una factura llena de frustración, resentimiento y desamor. En este contexto no hay posibilidad de que se forme una pareja equilibrada en la que cada uno tenga un proyecto personal además del proyecto compartido. En este caso sólo habrá un *él* + un *yo subordinado* que no va a contentar a nadie. Será urgente plantearse cuál es el objetivo real de esta relación.

En una encuesta que trataba de las relaciones de pareja se formulaba en el cuestionario la pregunta siguiente: «¿Cuál de estas tres cosas le gusta más hacer a una mujer con un hombre: hablar, reír o hacer el amor?». El mayor porcentaje de respuestas dadas por mujeres seguía el mismo orden de la pregunta. A los hombres se les preguntaba lo mismo. En la mayoría de respuestas el orden fue el inverso: *hacer el amor, reír y hablar.*

---

31. *Obras completas*, t. III, pág. 1.502.

¿Pueden generalizarse estos resultados? Sería peligroso hacerlo. Quizá señalen alguna tendencia pero conocemos a hombres a los que también les encanta hablar y reír, hombres sensibles para los que «hacer el amor» no significa sólo sexo sino también tacto, ternura, comunicación, suavidad, risa, humor... y algunas mujeres que prefieren hacer el amor a hablar. ¿Estereotipos?

Las relaciones afectivas pueden ser vividas de forma muy diferente por hombres y mujeres, pero cada persona es un mundo por sí misma. Hombres y mujeres construimos nuestro estilo afectivo a partir de nuestra educación, de las experiencias vividas y de los aprendizajes extraídos de las mismas. Cada persona es distinta y esto es maravilloso y enriquecedor en la convivencia.

Los estereotipos siempre nos limitan. Por este motivo, es importante evitar etiquetar al otro puesto que hacerlo es reducir un todo a una única característica. Es mejor preguntar en caso de duda: *¿Qué es lo que más te gusta hacer conmigo? ¿Qué es lo que más me gusta hacer contigo? ¿Qué te hace sentir mejor? ¿Qué prefieres? ¿Por qué?* Toda generalización es injusta y una forma de simplificación de una realidad siempre compleja.

SEGUIR PRESTANDO ATENCIÓN

> *El requisito del amor duradero es seguir prestando atención a una persona que ya conocemos bien. Prestar atención es fundamentalmente todo lo contrario de dar por sentado; dar por sentado es la causa principal de mortalidad de las relaciones amorosas.*
>
> SAM KEAN

Cuando podemos quitarnos la pesada carga de prejuicios, expectativas, creencias y mandatos que se nos ha inculcado acerca del amor, queda en evidencia nuestro profundo analfabetismo amoroso. En realidad... ¿qué sabemos del amor?, ¿qué requisitos pide? El amor siempre pide brazos abiertos y atención despierta.

El mito del final feliz tiene mucha fuerza en nuestra cultura. Nuestro mundo está lleno de hombres y mujeres que no desean perder su tren afectivo. Formar pareja es algo que uno encuentra tan natural de hacer que, a veces, ni se plantea que pueda no hacerlo. Y así, a veces por miedo a quedarse solo, y a veces con cierta inconsciencia —guiado por la presión social—, uno se sube al primer *tren afectivo* que pasa sin preguntar ni su destino ni las condiciones del viaje. Dado que nuestra mala educación amorosa nos ha lanzado con insistencia el mensaje de que es *mejor estar mal acompañados que solos*, en numerosos *andenes* hallamos personas llorando y lamentándose porque se equivocaron de tren, se apearon y aún no han llegado a su destino deseado.

Encontrar pareja no es el final de nada sino su inicio. Enamorarse no es suficiente, sólo un principio. No basta la atracción inicial ni que el otro sea una buena persona, o sea fácil convivir con él. Aunque todo esto es importante, no es suficiente como para decidir vivir juntos. Es imprescindible que exista una buena base de valores compartidos así como proyectos individuales y conjuntos a desarrollar. También será necesario que ambos den prioridad a esta relación.

Vivir en pareja pide esfuerzo, trabajo y dedicación. Aunque uno tenga condiciones de pianista, no le bastarán estas cualidades para tener éxito. Será necesario que practique diariamente unas cuantas horas, que se apasione por su arte y le dé prioridad. Encontrar la pareja adecuada no garantiza que a partir de este momento todo vaya a fluir sin esfuerzo y se paga caro este error de planteamiento. Para crecer y convivir en pareja proponemos no dar nada por supuesto y realizar una tarea diaria de cuidado de la relación prestando toda nuestra atención al otro, siempre cambiante y misterioso.

LA ACCIÓN NECESARIA

Erich Fromm narra la siguiente historia:

> Según dice la Biblia, cuando los hebreos iban a atravesar el mar Rojo, Dios dijo a Moisés que levantara su vara y que, entonces, las aguas se separarían. Sin embargo, el Talmud cuenta que las aguas no se separaron en el momento en que Moisés levantó su vara. Sólo lo hicieron cuando el primer hebreo se lanzó, decidido, a ellas.

Este es el caso: la acción es necesaria y resolutiva. Los milagros no existen en la relación de pareja. Creer en algo no sirve de nada a menos que se esté dispuesto a dar el primer paso y todos los siguientes que haga falta dar; a saltar cuando aparece un precipicio, a trabajar para construir puentes, a arriesgarse y a ser creativo cada día. No hay seguridades ni tampoco un camino abierto, pero si hay dos personas dispuestas a aventurarse a amar, la vida en pareja puede ser uno de los mejores entornos para crecer y ser felices.

3

... AL NOSOTROS

El principio esencial para la convivencia en pareja
y la construcción del buen amor parte de dos
personas autónomas, independientes y enteras,
que se eligen en libertad y con responsabilidad.

La vida que llevamos vivida antes del encuentro no
se puede cambiar, solo integrarse positivamente.
Es inmaduro pedir al otro que no sea quien es, que
no venga de donde viene, que no presente huellas
de heridas anteriores ni memoria afectiva.

Obertura, curiosidad, cierta inocencia y
creatividad son elementos necesarios para
cultivar la sorpresa en la relación de pareja.

Si queremos vivir muchos años con la persona que
amamos es importante procurar sorprenderla cada día.

Las relaciones de pareja emocionalmente ecológicas
piden flexibilidad, moverse en espacios de riesgo y
capacidad para aceptar la sorpresa y el misterio.

SEGUNDA PARTE

Convivencia de pareja. ¿Caos o cosmos?

... Cada vez que te vayas de vos misma
procurá que tu vida no se rompa
y tu otro vos no sufra el abandono
y por favor no olvides que te espero
con este corazón recién comprado
en la feria mejor de los domingos.

MARIO BENEDETTI

4

SOBRE TERRITORIOS, LÍMITES Y FRONTERAS

Siempre es incierto el espacio de ti mismo
en el que lentamente puedes edificarte.

MIQUEL MARTÍ I POL

EL INSTINTO TERRITORIAL

Siempre he pensado que el amor prospera si se le somete
a cierta distancia; que exige una cierta separación respe-
tuosa para perpetuarse. Sin este aislamiento imprescin-
dible, las minucias físicas del otro llegan a adquirir una
magnitud odiosa.

SIRI HUSTVEDT

A medida que vivimos, vamos incorporando nuevas experiencias emocionales significativas a nuestra *cartografía emocio-*
nal.[32] En esta especie de mapa interior dibujamos los territorios

---

32. J. Soler y M. Mercé Conangla. *Ecología Emocional*. Editorial
Amat, 2003.

afectivos en los que nos movemos, abrimos y cerramos caminos y colocamos señales para poder orientarnos en el futuro. Los espacios interiores ejercen una gran influencia en nuestras relaciones exteriores. De la mayor o menor amplitud de los mismos dependerá nuestra capacidad de aceptación, adaptación y acción ante los cambios, nuestra valentía o miedo a asumir riesgos, nuestra seguridad emocional y nuestra curiosidad y deseo de explorar.

> Von Oech explicaba que, hace siglos, cuando a los cartógrafos se les acababa el mundo conocido antes de terminar de llenar su pergamino, dibujaban *un dragón* en la esquina de la hoja. Este era un signo que indicaba que los exploradores estarían en *territorio desconocido* bajo su propio riesgo. Lamentablemente, algunos exploradores tomaron este símbolo de forma literal y tuvieron miedo a aventurarse en mundos desconocidos. Otros, sin embargo, fueron más audaces y vieron en este símbolo una señal de nuevas oportunidades.

Todos construimos esta cartografía en la que marcamos un territorio que nuestro instinto intenta defender, mantener o ampliar, según los casos. Allí colocamos indicaciones de peligro, señales de naufragio y de pérdidas, marcamos las zonas en las que nos sentimos cómodos o a salvo y los espacios abiertos a los demás. También colocamos «dragones» llamativos en los territorios a los que tememos acceder o que prohibimos a los demás. Los dragones serán, precisamente, los indicadores de las posibles zonas de crecimiento personal. Es preciso detectarlos.

El territorio no sólo hace referencia al espacio físico sino que también incluye el espacio relacional, emocional y de expresión; el margen de maniobra, de decisión, de autonomía y de silencio; de soledad buscada, de intimidad, de misterio y de calma. Nuestro origen animal nos mueve a defender nuestros territorios porque es en estos espacios donde crecemos y nos desarrollamos. Cuando nuestro yo se siente invadido nuestro instinto nos hace reaccionar de forma agresiva, a veces replegándonos y otras reivindicando un espacio necesario.

Aprendemos de forma instintiva a defender nuestro espacio interior y exterior. En función de nuestra educación, experiencias previas y temperamento toleramos la aproximación de los otros, la evitamos, la buscamos, o la disfrutamos. El sentido del territorio es necesario, pero puede ser también uno de los puntos de conflicto más importantes y más ignorados en nuestras relaciones de pareja o familiares.

Convivir va a suponer hallar la fórmula de equilibrio para que cada miembro de la pareja sienta que su espacio es respetado y entendido. Será preciso disponer de los necesarios espacios de soledad, además de los espacios comunes y de comunicación. En caso contrario, la sensación de sentirse invadido, ahogado o entre rejas provocará el deseo de huir de esta prisión. *Respeto* es el concepto clave a aplicar en todos los casos.

EL ESPACIO DE CRECIMIENTO

> *El amor es como un pájaro: si lo aprietas demasiado se ahoga, si lo dejas a su aire se escapa.*

El espacio de crecimiento disponible puede favorecer o dificultar nuestro desarrollo personal. Hay condiciones internas y externas que pueden ayudar o coartar el despliegue de nuestros potenciales. Para crecer bien es necesario hallar el *entorno psicoecoafectivo adecuado.*[33] o bien crearlo. De pequeños no

---

33. *La Ecología Emocional.* «Nicho psicoecoafectivo».

elegimos nuestras condiciones familiares ni relacionales —las gozamos o las sufrimos— pero ya adultos somos responsables de proporcionarnos el medio emocional adecuado para mantener nuestro equilibrio. Para conseguirlo será necesario tener presentes nuestras necesidades, las de nuestra pareja y valorar la posibilidad de conciliar ambos territorios.

Veamos algunos ejemplos que la naturaleza nos da respecto a la relación entre espacio vital y crecimiento: Se cuenta que la carpa japonesa, también llamada pez Koi, tiene la característica de que sólo crece unos centímetros si se mantiene en una pecera pequeñita, pero si crece en un estanque puede llegar a medir más de dos palmos y hasta casi un metro si vive en un lago. También sabemos que las raíces de una planta que crece en una maceta pueden llegar a hacerse tan grandes que ya no quepan en ella. De seguir allí, la planta no tendrá ni tierra ni alimentos para crecer. Seguramente irá decayendo hasta morir o quizá la fuerza de sus raíces rompa la maceta. En cambio, si la trasplantamos en el momento adecuado y le damos el espacio y los nutrientes que necesita, esta planta puede sorprendernos por su tamaño y belleza.

Podemos llevar esta analogía al terreno del crecimiento personal y de la dinámica de pareja. Nuestro entorno psicoafectivo condiciona nuestra evolución. Según sea la dimensión y calidad de nuestro espacio emocional y relacional, vamos a evolucionar o vamos a bloquearnos. Si llega un momento en que nos sentimos enclaustrados en una *pecera* tenemos la responsabilidad de *cambiar de recipiente* y buscarnos un estanque o un lago. La sensación de asfixia en una relación es algo que puede llegar a ser físico: uno siente que se ahoga, que le falta el aire para respirar. Si este es el caso, es urgente actuar.

Viñetas de Charlie Brown. Lo vemos jugando con unos bloques grandes de piezas de construcción para niños.

Charlie está sentado en medio de los bloques y va levantando las paredes de una casa. La construcción va avanzando hasta que llega un momento en que se ve encerrado dentro: ha construido un muro a su alrededor. Charlie grita: ¡Auxilio, socorro!

Nosotros fijamos nuestros propios límites y somos responsables de proporcionarnos unas buenas condiciones emocionales para vivir y crecer. La reivindicación de territorio debe empezar por nosotros mismos. Nuestro proyecto de vida es nuestro *espacio de crecimiento individual*. Somos el fruto de la ejecución de dicho proyecto. Con nadie más tenemos la seguridad de relacionarnos hasta morir; con nadie más tenemos más garantías de compartir nuestra vida. Por este motivo vale la pena llegar a un buen entendimiento y cooperación con el ser que somos y que podemos llegar a ser. Sólo así tendremos posibilidades reales y efectivas de formar una pareja equilibrada, creativa y amorosa.

¿Qué puede incluir el *espacio de crecimiento conjunto*?:

— Los *espacios de comunicación* (mejora de nuestra capacidad conjunta de manifestar sin miedo y recibir con respeto el pensar y el sentir del otro).
— Los espacios de *aprendizaje conjunto*.
— El *tiempo de intimidad* (expresión de ternura, la comunicación por canales no verbales, el tacto, el contacto, el placer, el sexo).
— La *cotidianidad* (tareas de mantenimiento de vida, alimentación, logística, intendencia).
— La *crianza de los hijos* (plantearse tenerlos o no, el por qué y el para qué deseamos tenerlos y con qué valores los queremos educar).
— Los *espacios de apertura al mundo y a otras relaciones*.
— Los *espacios de ocio y cultura* que queremos compartir.

— Las pautas que van a guiar nuestras *relaciones con la familia de origen* y la *creación de la familia elegida conjuntamente.*

De hecho, el espacio de crecimiento compartido es de diseño único y exclusivo de cada pareja: no hay normas válidas para todos. Cada una es un universo por sí misma y sería injusto y superficial intentar juzgar si su espacio conjunto es o no adecuado. El sentido de la territorialidad humana varía en cada persona y, por tanto, sólo ella sabe si su necesidad de espacio está bien cubierta o no. El diálogo es muy importante en vistas a regular adaptativamente la convivencia evitando agresiones territoriales innecesarias. *¿Qué espacios necesito que me respetes y cuáles deseo compartir o no me molesta compartir?* El *espacio conjunto* requiere comunicación y negociación constante, capacidad de escucha, atención, flexibilidad, respeto y creatividad.

LOS LÍMITES NECESARIOS

> *... Así como hay fronteras espaciales y conceptuales también las hay temporales, y yo las he cruzado más de una vez a lo largo de mis andanzas hasta sentirme, después de cada una, en otra etapa de ese «hacerme lo que soy que es el vivir».*

> JOSÉ LUIS SAMPEDRO

En un mapa, la tierra tiene unos límites que la definen. Nuestro cuerpo también tiene límites. La piel los define y son nuestra protección: nos defienden del medio, de la deshidratación, de las infecciones, de las agresiones, mantienen nuestra temperatura, nos permiten percibir y sentir. Sin esta barrera necesaria nuestro cuerpo enfermaría y moriría. Los límites físicos son, pues, imprescindibles.

Nuestro territorio afectivo también tiene unos límites que debemos aprender a reconocer. A medida que vamos viviendo tropezamos con ellos y los vamos señalando en nuestro mapa emocional: sabemos cuánto podemos soportar, qué situaciones favorecen nuestro equilibrio y cuáles nos desestabilizan, lo que nos agrada y lo que nos duele, lo que nos carga de energía y lo que nos anula.

Los límites no son malos, son necesarios. En el ámbito emocional, como en cualquier otro, es preciso ser conscientes de su existencia para poder obrar en consecuencia traspasándolos, atravesándolos, rodeándolos o dando marcha atrás. Es importante reconocer y respetar nuestros límites de protección. De no hacerlo así, si permitimos que constantemente los invadan, si no los definimos bien o si aceptamos pasivamente que los contaminen y ocupen, vamos a enfermar.

Cuando nos sentimos invadidos por nuestra pareja sentimos incomodidad, ansiedad o miedo y, a veces, tenemos la sensación de ahogo; a menudo, irritación y rechazo. Es posible que cada vez nos cueste más estar con ella. El malestar emocional, la sensación de perderse uno mismo o de difuminarse, se da en aquellas personas que no saben poner límites ni reclamar o defender su espacio.

Aprender a decir *hasta aquí sí* y *hasta aquí NO* es imprescindible. Cuando aceptamos pasivamente las agresiones a nuestro espacio personal nos desequilibramos. Si queremos convivir creativamente es necesario conocer y respetar los límites que nos permiten ser nosotros mismos sin diluirnos en el otro. Sólo nosotros podemos saber dónde están, qué nos incomoda y qué nos saca de quicio, qué nos agrada y qué deseamos. Es necesario definirlos y comunicar a nuestra pareja estos datos a fin de que conozca qué nos es aceptable y qué nos es agresivo. Nadie puede adivinar los límites del otro —aunque algunas personas muy observadoras pueden captar, a través de datos no verbales, dónde se sitúan—. Por ello, es mejor verbalizar los «hasta aquí» si queremos evitar una convivencia llena de malentendidos. Si clarificamos los límites evitaremos la construcción de fronteras y barreras.

Una pareja no es una fusión de dos individualidades sino dos personas íntegras, diferenciadas y que se potencian mutuamente. Dentro del *espacio de pareja* hay espacio para un *Yo*, para un *TÚ* y, además, un para *proyecto CONJUNTO* —el *nosotros*—, pero no debemos confundir el proyecto conjunto con la existencia de un ente *nosotros*. No existe un *nosotros pensante* ni un *nosotros sintiente*. Aunque seamos pareja, cada uno piensa y siente solo, nadie puede hacerlo en su lugar y es preciso conservar estos espacios para no perder la individualidad.

Algunos problemas de convivencia pueden derivar de intentar interpretar lo que el otro siente o piensa y de incorporarlo al propio pensar o sentir. Hay muchas mejoras que hacer en este sentido. Por ejemplo, sería bueno no hablar pluralizando o sustituyendo la expresión del otro: *Nosotros pensamos, nosotros sentimos, creemos, sabemos...* Esto es una falta de respeto —ya que intentamos suplir con nuestra emoción o nuestro pensamiento su propia respuesta—. En estos casos es mejor decir: *Yo pienso o siento tal cosa. ¿Y tú?*, o bien, *Lo que yo pienso o siento es esto, respecto a mi pareja deberás preguntarle a ella.* Sólo uno sabe qué piensa, sólo uno puede definir qué siente, ¡afortunadamente!

¿QUIÉN FIJA NUESTROS LÍMITES?

*El horizonte está en nuestros ojos,
no en la realidad.*

ÁNGEL GANIVET

El otro día fuimos a casa de un amigo. Lo encontramos realizando la «ceremonia de limpieza de su pecera». Nos contó que era importante cambiar el agua de la misma y limpiarla a fondo con cierta frecuencia.

Continuamos hablando a la vez que lo observábamos mientras, con meticulosidad, iba dando todos los pasos necesarios. Llenó su bañera de agua a la temperatura adecuada. Entonces fue cogiendo los peces con una red, suavemente, y los fue depositando en la bañera. Una vez sin peces, nuestro amigo vació la pecera, la limpió y volvió a llenarla. Finalmente volvimos a la bañera a buscar nuevamente los peces.

¡Cuál fue nuestra sorpresa al observar que, a pesar de que la bañera era muy grande, los peces iban manteniendo una ruta circular bastante cerrada de medida parecida a la de la pecera en la que habitualmente estaban!

¿Quién fija nuestros límites? A veces, nuestro entorno —el recipiente que nos contiene—. Sabemos que el entorno puede condicionar nuestro crecimiento personal, favoreciéndolo o dificultándolo, aunque posiblemente no determinándolo. En otras ocasiones, somos nosotros mismos los que nos limitamos prefiriendo la comodidad o la seguridad de la rutina conocida a la dificultad o el riesgo de explorar también nuevos territorios. Así puede ocurrir que, aunque nuestro entorno sea muy favorable y nos dé muchas oportunidades de explorar, prefiramos reducir nuestro círculo de afectos, de relaciones y de actividades dentro de unos límites autoimpuestos.

En la relación de pareja los *límites del territorio conjunto* a explorar van a depender de ambas partes. No hay fronteras ni barreras, si así lo deseamos, pero las necesidades de ambos pueden diferir y será necesario realizar un trabajo de comunicación, negociación y pacto. Si nuestra pareja pone límites indeseados en algún aspecto de la relación que para nosotros es importante ampliar, podemos expresarle lo que sentimos y necesitamos. Entonces en el caso de que no actúe para mejorar la situación —lo que también forma parte de su derecho— decidiremos si queremos o debemos salir de «una pecera que sentimos que se nos ha quedado demasiado pequeña».

LAS FRONTERAS

La vida de todo hombre es un camino hacia sí mismo, la tentativa de un camino, la huella de un sendero.

HERMANN HESSE

Cuando tomamos conciencia de que nuestros límites no son respetados debemos plantearnos si los hemos definido y marcado de forma clara y si los hemos defendido con perseverancia y contundencia. De no ser así, podemos llegar a construir fronteras llenas de aduanas, peajes y zonas fortificadas cerradas «a cal y canto» para sentirnos a salvo. Las fronteras y las barreras indican la necesidad de protegernos porque, cuando uno se siente inseguro, no confía en el otro, se sabe vulnerable y teme ser herido. Y, si bien los límites son necesarios para nuestro «bien vivir», las fronteras sólo sirven para aislarnos de nuestra pareja.

Vivir en pareja supone tener la conciencia clara de que los *límites individuales* son necesarios para mantener la integridad personal y la buena marcha de la relación. Si ambos los conocemos, los señalamos y pedimos que se respeten, la convivencia puede ser más difícil al inicio. Será necesario atravesar un período de adaptación durante el cual ambos tendremos que negociar y aprender a conciliar nuestras diferentes necesidades. No obstante, a medio y a largo plazo, de todo ello resultará una relación más gratificante, más rica y más libre.

Puede suceder en algunos casos que uno de los integrantes de la pareja no conozca bien sus necesidades y no ponga límites a su territorio. Entonces, si el otro es más territorial, le irá ganando espacios sin dificultad. Las pérdidas pueden sucederse sin que uno se dé cuenta ni se queje. Esta dinámica desequilibrada puede durar años. No obstante, tarde o temprano, se toma conciencia de la realidad y aparece la sensación de haber sido estafado. Al abrirse «la caja de Pandora» salen de ella quejas, resentimiento y facturas emocionales acumuladas: *Por ti he dejado, por ti no he sido, por ti no he hecho...* basura emocional nunca verbalizada ni gestionada. Uno no ha marcado sus límites individuales ni tampoco ha sabido protegerse. El resultado es desequilibrante, frustrante y acabará causando una crisis de pareja.

Tampoco va a ser armónica la convivencia con alguien inseguro que para protegerse se llena de fronteras y barreras. Estas personas son compañeros de vida muy difíciles a no ser que decidan trabajar en una linea de mejora personal. De no ser así, la convivencia con ellos va a ser una lucha que desgastará, cansará, desilusionará y conformará un entorno donde será difícil que crezca el amor. Nadie puede tener acceso a quien se quiere mantener alejado afectivamente para no sufrir.

La ecología emocional propone que señalemos bien nuestros límites individuales y que, al mismo tiempo, seamos flexibles en su trazado, siempre sin faltar a nuestra coherencia personal. Los límites se ampliarán en función del nivel de confianza e intimidad que vayamos estableciendo con el otro. No deben ser iguales en todas nuestras relaciones y será preciso ser selectivos respecto a su acceso y amplitud. Tener esto claro evitará que nuestro territorio emocional se llene de fronteras cerradas para protegerlo de constantes invasiones. La puerta más segura es aquella que podemos dejar siempre abierta.

DOS SERES, NO UNO

> *Sola me encuentro perfectamente, estoy feliz sola y sé vivir sola. No me muero por ti ... / ... Tan sólo te quiero.*
>
> SIRI HUSTVEDT

El hecho de que hayamos decidido convivir con nuestra pareja no significa que debamos perder nuestra individualidad ni que nos convirtamos en «un solo ser». Nuestras necesidades son «las que son» y, posiblemente, distintas de las de ella. Nuestra pareja no debe ser un relleno para nuestras deficiencias, inseguridades o incapacidades, ni tampoco una red protectora para nuestros miedos. Quien no puede soportar estar solo consigo mismo, difícilmente podrá llegar a intimar con nadie. Quien no se acepta, no podrá aceptar a otro. A veces el intento de centrar toda la vida en la pareja no es más que una estrategia para evitar estar con uno mismo y tener que soportarse. Y esta dinámica es peligrosa.

Necesitamos espacio para respirar y para ser. Por ello es importante no ahogar, no ridiculizar ni anular a nuestra pareja con el propósito de tenerla subyugada y a nuestra disposición. Es condición indispensable para el buen éxito de la relación aprender a delimitar, a mantener y a no invadir nuestros respectivos espacios de libertad.

Una pareja emocionalmente ecológica debería poder decirse mutuamente: *Viviendo solo estoy bien y mi vida tiene sentido por sí misma pero he elegido amarte y deseo compartir la vida contigo. Contigo me construyo mejor, me siento más vivo y más implicado en el mundo.*

INSEGURIDAD ASFIXIANTE

> Vivien Leigh en *Lo que el viento se llevó*:
> —Pero Rhett, si te vas, ¿qué va a ser de mí? ¿Adónde iré?
> Clark Gable:
> —Sinceramente, querida, me importa un bledo.

En situación de necesidad, sentimos desespero. Cuando estamos desesperados no reflexionamos, sólo reaccionamos y nos aferramos a lo que tenemos más cerca, bien sean cosas o personas. No ejercemos nuestra libertad ni nuestra responsabilidad. Sólo queremos solucionar nuestro problema y el otro no nos importa por sí mismo, sino en tanto sea nuestra solución. En dependencia no se puede escoger con libertad y sin libertad no hay amor verdadero.

Somos responsables de lo que hacemos con nuestra vida y su sentido no debe depender nunca del hecho de que otra persona esté o no a nuestro lado. Aunque se pueda etiquetar la respuesta de Rhett como dura e insensible... éste no cae en la trampa del chantaje emocional que ella le hace.

No hace falta ser desconsiderado como Rhett, ni mal educado, ni duro o insensible, aunque sí que, en determinadas ocasiones, será preciso marcar unos límites claros. Si quieren jugar con nuestro sentimiento de culpa, deberemos apelar al sentido de la responsabilidad del que lo intenta:

> —¿Sin ti... qué va a ser de mí?
> —Pues será lo que tú quieres que sea y lo que tú hagas que sea. Tu vida es tuya y yo no puedo, ni quiero, cargar con el peso y el sentido de tu vida.

LAS REGLAS DEL JUEGO

> El ratón le dijo al gato:
> —Juguemos.
> —¿A qué?
> —A la persecución eterna.
> —¿Las reglas del juego?
> —Mantener una distancia prudencial.[34]

LOS PROGRAMAS LÍMBICOS

> *La luz es muy agradable a los ojos*
> *cuando no te ciega.*

> AMOS OZ

Nacemos con una serie de programas límbicos[35] que tienen como finalidad protegernos y asegurar nuestra supervivencia.[36] Por este motivo, cuando nuestro sistema emocional considera

---

34. Jaime Barylko.
35. El sistema límbico está situado en nuestro encéfalo y es también llamado cerebro emocional.
36. David Weiner, *El idiota interior*. Javier Vergara, 2003.

que nuestra supervivencia está en peligro puede ponerse en marcha un mecanismo automático de defensa que tiene la misión de protegernos.

A veces es difícil mantener nuestro autocontrol y podemos mostrarnos agresivos y adoptar conductas que nos sorprenden a nosotros mismos y que dificultan nuestra adaptación inteligente al entorno.

La complejidad del mundo actual hace que las reacciones simples y automáticas tiendan a perjudicarnos más que a ayudarnos, especialmente en lo que a nuestras relaciones personales se refiere. ¿Por qué adoptamos conductas reactivas que nos perjudican a veces, en lugar de conductas reflexivas y emocionalmente inteligentes?

Existe la hipótesis de que hay cinco tipos de programas límbicos[37] que se pueden activar automáticamente en determinados casos. Son los *programas de supervivencia, de sexo, de territorio, de poder y de vínculo o apego.* Cada persona tiene un perfil distinto en cada uno de ellos. Por ejemplo, hay quien tiene un nivel alto de activación en el programa de vínculo y poco en el de poder. Hay quien es altamente territorial y tiene también un nivel muy alto de activación en el programa de poder. Todas las combinaciones son posibles.

Actualmente sabemos que el programa de *supervivencia* tiene mucho que ver con nuestra autoestima. Por este motivo cuando nuestro cerebro emocional considera que nuestra autoestima peligra, puede desencadenar reacciones agresivas. Cada persona tiene algunos puntos concretos que pueden disparar este programa. Dependerá de su memoria emocional y de sus experiencias anteriores. En ocasiones se activa ante determinados comentarios que parecen poner en duda nuestra capacidad o competencia; nuestro aspecto físico o nuestros conocimientos.

---

37. Op. cit.

En otros casos, cuando nos sentimos infravalorados o rechazados por alguien a quien amamos.

El programa de *vínculo* favorece la creación y el mantenimiento de puentes emocionales entre las personas. Es un programa poderoso, puesto que evita nuestro aislamiento y favorece conductas que facilitan la aceptación del otro y, por lo tanto, las relaciones personales. La ruptura de los vínculos afectivos suele ser muy dolorosa ya que este dolor intenso tiene como fin dificultar la separación, al activar nuestro miedo a sufrir. Por este motivo, los comentarios o juicios de valor negativos dirigidos a personas con las que nuestra pareja se siente vinculada pueden generar su agresividad. Este programa de apego también puede dificultarnos tomar decisiones importantes —como por ejemplo finalizar una relación de pareja desadaptativa— ya que nos recuerda y anticipa el dolor que la ruptura o pérdida provocará en nosotros mismos, en nuestra pareja y en las personas próximas. La evitación del sentimiento de culpa puede explicar en parte porqué, a veces, nos apegamos a personas que no nos convienen y nos cuesta romper estas dependencias.

El programa de *sexo* nos mueve a propagar nuestro acervo genético y nos impulsa al apareamiento, despertando el deseo y la necesidad de atraer al otro. Los celos van ligados al programa de sexo además de a los de poder y territorio. Nos mueven a luchar para «no dejarnos quitar al otro» al que creemos poseer. Parece ser que este programa puede funcionar separadamente del programa de vínculo y esto nos puede complicar la vida al ser posible que nos sintamos vinculados afectivamente a determinada persona pero que, además, deseemos sexo con otra. En este caso los programas de vínculo y sexo entrarán en lucha. Ganará el más fuerte de ambos, a no ser que seamos competentes gestionando nuestras emociones caóticas y les demos salida. En estos conflictos podemos guiarnos por nuestra escala de valores en vistas a tomar la decisión más coherente para nosotros.

El programa de *territorio* suele estar muy relacionado con el de *poder o estatus*. A más poder, más territorio se desea dominar. El concepto de territorio es muy amplio y es importante entender que en las relaciones de pareja es una cuestión a cuidar y negociar. Las invasiones territoriales se pagan caras ya que estalla el conflicto y el diálogo desaparece, iniciándose continuas batallas por el control de la relación.

Después de haber perdido los estribos, habernos descontrolado emocionalmente o cuando nos sentimos caóticos, es importante pararnos y reflexionar. Es un buen ejercicio preguntarnos cuál de los programas límbicos se ha «disparado». Tened en cuenta que pueden activarse más de uno a la vez y que la dimensión de nuestra reacción puede tener mucho que ver con la cantidad de engranajes que determinada persona o situación nos ha activado. Al adquirir conciencia de lo que nos ocurre, podemos recuperar el autocontrol emocional y con él la gestión adaptativa de nuestras emociones.

LA DIALÉCTICA «ESPACIO, ESTATUS Y PODER»

Estamos tan ocupados intentando ser que no tenemos tiempo para gozar del simple hecho de ser.

ERICH FROMM

Cuando uno o ambos miembros de la pareja sienten un fuerte impulso hacia la obtención de poder y territorio, puede ser muy difícil lograr armonía en la convivencia. Siempre que tratamos los problemas de territorio estamos tratando, implícitamente, los conflictos de poder.

Es bien sabido que, en la naturaleza, los animales de mayor estatus gozan de mayor cantidad de espacio y que reaccionan agresivamente si éste no se respeta. El estatus hace referencia al puesto que uno siente que ocupa en un territorio relacional, y que los demás le reconocen. Muchos de los conflictos de pareja tienen sus orígenes en batallas por el territorio. Y, al hablar de territorio, no nos referimos a los metros cuadrados de superficie de que dispone una persona o de si ocupa más espacio físico que la otra en la vivienda —aunque esto también está incluido en esta cuestión— sino al espacio de tranquilidad, de silencio, al margen de maniobra, capacidad para decidir de forma autónoma, de no ser interrogado constantemente, y de no rendir cuentas de todo lo que hace, piensa y siente.

El tema del poder en la pareja es algo muy delicado. ¿Quién toma las decisiones? ¿Hay uno que decide más que el otro? En el equipaje de cada miembro de la pareja hay inseguridades, necesidades y dependencias no superadas que puede intentar compensar utilizando al otro. Básicamente hay dos aspectos importantes en los que puede haber lucha de poder: el poder económico y el poder afectivo.

La persona que necesita menos afecto es la que tiene mayor poder afectivo. La que necesita más afecto es la más débil. Pero también puede ocurrir que el más débil recurra a los sentimientos de culpa y al chantaje emocional para conseguir incrementar su poder afectivo. Esta lucha es muy desadaptativa, no ayuda a crecer y puede durar años.

En el momento actual, el poder económico está más repartido pero puede ser también un campo de batalla si se dan determinados elementos: la mujer gana más que el hombre, uno de los dos no trabaja o queda en el paro, uno gasta excesivamente, o uno toma las decisiones sin tener en consideración al otro.

Quien se mueve por impulso de territorio y poder suele ser alguien que trabaja duramente para obtenerlo, bien sea en su vida laboral o relacional. Le gusta sentir que tiene las cosas controladas, le es difícil delegar y confiar en los demás y puede intentar echar las culpas a los demás cuando las cosas no van como desearía. Suele serle difícil sentirse satisfecho por sus logros y puede intentar trasladar su nivel de exigencia a las personas que le rodean. Si este impulso es muy fuerte, puede estar dispuesto a sacrificarlo todo —pareja, hijos y amigos— para conseguir sus objetivos. En casos extremos será una persona con la que puede ser muy difícil convivir.

Para lograr una convivencia equilibrada es esencial ejercitarse para enfrentar los conflictos de forma asertiva. Para ello será preciso conciliar ambas expectativas, realizar un buen reparto de poder afectivo y económico y dar respuesta, si es posible, a las diferentes necesidades y deseos.

La generosidad es un valor esencial para que la vida en pareja sea armónica. Pero esta generosidad tiene que empezar por nosotros mismos, estando atentos a nuestras necesidades básicas y proporcionándonos el entorno psicoecoafectivo adecuado para crecer. Es importante no olvidar que somos «animales territoriales», y que necesitamos disponer de espacio para desplegar nuestros potenciales y sentirnos equilibrados. De no tenerlo podemos asfixiarnos y llegar a agredir al otro, huir o enfermar.

Puede ser un buen inicio empezar observando en qué condiciones nos sentimos a gusto y cuándo nos sentimos incómodos, invadidos, asfixiados o notamos que nuestro margen de maniobra es nulo. A partir de ahí, podemos realizar las acciones necesarias para definir nuestros límites. Así sentaremos las bases que harán posible expresar asertivamente a nuestra pareja nuestra necesidad de espacio y respetar mutuamente el territorio de ambos.

La parábola de los erizos

En una noche oscura y fría, algunos erizos descubren que si se juntan tienen menos frío. Se acercan cada vez más, pero son erizos y se pinchan unos a otros. Asustados, se apartan. Cuando se alejan, se lamentan de haber perdido calor, pero al mismo tiempo temen pincharse. Pasado un tiempo, y venciendo el miedo, vuelven a juntarse y se pinchan de nuevo. Así siguen durante algún tiempo hasta que descubren una distancia que les permite darse calor sin pincharse.[38]

DISTANCIAS Y COMUNICACIÓN

Las especies emocionales sensibles y extremadamente delicadas necesitan espacios apropiados, medios y cuidados para crecer. Sólo esta estrategia puede salvarlas del peligro de extinción.

ECOLOGÍA EMOCIONAL

Distancias, comunicación, riesgo y protección. Relacionarnos es exponernos y arriesgarnos siempre. La proximidad nos hace vulnerables a la burla, al desprecio, a la agresión, a ser ignorados o rechazados; pero escoger no relacionarnos nos llevará al resultado más peligroso y triste: la muerte en vida.

Lo cierto es que no podemos construirnos solos. Como bien decía Víctor Frankl: «nos hacemos con el otro». Por lo tanto, podríamos decir que relacionarse no es opcional si nos planteamos una vida activa, responsable y emocionalmente ecológica. Cuando nos comunicamos y nos relacionamos con otro ser humano, tenemos la oportunidad de ser aceptados, respetados, cuidados, estimulados y amados. Sólo así podemos crecer en equilibrio. Para conseguir una relación de pareja de calidad,

---

38. Arthur Schopenhauer. Tomado del libro *Aplícate el cuento*. Editorial Amat, 2004.

debemos aprender a comunicarnos bien y a hacer un uso inteligente de nuestros espacios emocionales y de relación. En este sentido, uno de los aspectos más importantes va a ser decidir conjuntamente qué espacios vamos a compartir y cuáles nos vamos a reservar.

Proponemos crear en nuestra relación *reservas naturales o espacios protegidos*,[39] unas zonas de intimidad, silencio, soledad, creación y realización que necesitamos preservar. Allí podrán crecer aquellos afectos especialmente delicados que debemos preservar de la contaminación. Sólo así los podremos disfrutar.

¿Por qué la gente se grita?

Un día Meher Baba preguntó a sus mandalíes lo siguiente:

—¿Por qué las personas se gritan cuando están enojadas?

Los hombres pensaron unos momentos.

—Porque pierden la calma —dijo uno—, por eso gritan.

—Pero ¿por qué gritar cuando la otra persona está a tu lado? —preguntó Baba—. ¿No es posible hablarle en voz baja? ¿Por qué gritas a una persona cuando estás enojado?

Los hombres dieron algunas otras respuestas pero ninguna de ellas satisfacía a Baba. Finalmente él explicó:

—Cuando dos personas están enojadas, sus corazones se alejan mucho. Para cubrir esa distancia deben gritar, para poder escucharse. Mientras más enojados estén,

---

39. J. Soler y M. Mercé Conangla. *La Ecología Emocional*. Editorial Amat, 2003, (pág. 45).

más fuerte tendrán que gritar para escucharse uno a otro a través de esa gran distancia.

Luego Baba preguntó:

—¿Qué sucede cuando dos personas se enamoran? Pues que ellos no se gritan sino que se hablan suavemente, ¿por qué...? Sus corazones están muy cerca. La distancia entre ellos es muy pequeña.

Los discípulos lo escuchaban atentos y Baba continuó:

—Cuando se enamoran más aún, ¿qué sucede? No hablan, sólo susurran y se vuelven aún más cercanos en su amor. Finalmente no necesitan siquiera susurrar, sólo se miran y eso es todo. Así es, observad lo cerca que están dos personas que se aman. Así pues, cuando discutáis no dejéis que vuestros corazones se alejen, no digáis palabras que los distancien más. Llegará un día en que la distancia sea tanta que ya no encontréis el camino de regreso.[40]

Privacidad

La privacidad es un privilegio,
la intimidad una necesidad y un derecho.

Podemos perder privacidad por exigencias de la disposición y acceso a determinados espacios físicos. No todas las parejas disponen de viviendas amplias que permitan disfrutar de espacios individuales además de los comunes.

Perdemos privacidad al convivir. La perdemos cuando estamos ingresados en un hospital y compartimos habitación. En este caso, pueden acceder muchas personas al espacio donde

---

40. Siri Hustvedt. *Todo cuanto amé.* Editorial Circe, 2003.

estamos sin que podamos evitarlo y, a veces, sin nuestro consentimiento. También la perdemos al estar en espacios públicos donde el acceso es libre y por lo tanto es fácil que se contaminen con ruidos, gritos o irrupciones a la esfera privada. La sensación de pérdida de privacidad provoca que aflore la irritabilidad y el estrés. Nuestro organismo se pone en guardia y se activa y nuestras conductas pueden volverse más agresivas.

En la convivencia de pareja es esencial respetar los espacios privados. Para convivir en armonía es importante hablar de este tema y llegar a pactos. No obstante, aunque no siempre es posible evitar perder cierta privacidad, siempre debemos luchar para mantener en lo posible nuestros espacios de intimidad.

Intimidad

> *A veces tenía la sensación de que su intimidad se hallaba dotada de un coraje y una ferocidad que yo nunca había conocido, y la conciencia de esta falta llegaba a producirme cierta desazón que se aposentaba en mi boca como un gusto seco y despertaba en mí un anhelo que no lograba aplacar con nada.*
>
> SIRI HUSTVEDT

Vivimos en un mundo lleno de contradicciones, odio y agresiones de todo tipo, y todos sabemos que es muy difícil seguir viviendo así. Sólo podremos vivir en equilibrio si conseguimos proteger y recuperar este espacio tan importante en la vida de toda persona: la intimidad. En este refugio tan necesario podemos encontrarnos a nosotros mismos y así compartir con otra persona lo que somos. Lo cierto es que para llegar al amor siempre es necesario recorrer el camino de la intimidad.

Intimidad: Necesidad básica de todo ser humano. Interconexión plena y profunda que nos enraíza con nosotros mismos y, a partir de ahí, con otro ser humano. Territorio interior delicado que no debe ser invadido ni expuesto a agresiones. Las relaciones de amor son relaciones de intimidad. El territorio de la intimidad es protector, acoge y no arremete. En él podemos ser nosotros mismos sin necesidad de protegernos con máscaras para ser aceptados. La intimidad no se encuentra, se construye en un trabajo lento de orfebrería con materiales como la confianza, la generosidad y el respeto.

El respeto al territorio íntimo requiere el cultivo de la sensibilidad, la delicadeza y la ternura. La intimidad salvaguarda de nuestro misterio y el misterio del otro; respeta su núcleo y su esencia; su espacio de soledad y silencio; su espacio físico, sus cosas y sus relaciones. También supone el reconocimiento de su derecho a compartir espacios de intimidad con otras personas. La confianza en uno mismo y en el otro constituye la base de la intimidad.

Para ganar espacios de intimidad es necesario mostrarse de forma honesta y compartir lo que somos y sentimos, incluyendo las frustraciones. Significa defender nuestra integridad, alimentar nuestra autoestima y fortalecer las relaciones con todos los que nos rodean. Este tipo de sabiduría es el trabajo de toda una vida y pide, entre otros ingredientes, mucha paciencia.

Cuando ejercemos la opción de abrir nuestros espacios de intimidad a otras personas, además de a nuestra pareja, pueden aparecer algunas emociones desequilibrantes. Los celos y el sentimiento de abandono son alguna de las consecuencias de la activación de nuestros programas de vínculo y supervivencia. El caos emocional que se desencadena tiene mucha relación con nuestro afán de posesión, nuestra inseguridad y falta de generosidad. En definitiva, surge por nuestra incapacidad para asumir las consecuencias de la libertad del otro. Nadie es propietario de nadie y cada uno debe decidir con quién y hasta dónde va a compartir su intimidad. Tenemos el derecho a gestionarla de la forma que creamos oportuna. Para convivir en pareja será preciso aprender a respetar y a preservar este espacio si queremos construir un amor desde la libertad y no desde el dominio.

Contacto, con-tacto

Mis manos son poderosas
cuando en ellas pongo el corazón.

El tacto es muy importante en nuestras relaciones personales. Es una puerta que nos abre al otro y nos permite gozar de su ternura y calidez. Es una vía de comunicación de la que, a veces, no sacamos partido. En ocasiones solo el tacto y el contacto nos salvan del silencio infinito.

Nuestra piel define nuestro límite corporal y es un territorio sensible y placentero de explorar. Forma parte del territorio íntimo, este espacio al que no debemos acceder sin el consentimiento y deseo de nuestra pareja. Tacto y contacto son parte esencial del espacio de intimidad que podemos compartir. Al ser tocados, tomamos conciencia de nuestra forma y de nuestro contorno. La sensualidad y el contacto tierno y sensible es una poderosa forma de comunicación íntima así como una gran fuente de placer.

Pensé que dispondría de algo más de tiempo para carto-
grafiar tu cuerpo, para trazar la silueta de sus polos —la
templada y la tórrida— hasta establecer una topografía
completa de tus músculos, tus huesos y tu piel. No te
lo dije, pero me veía pasando el resto de mis días como
tu exploradora a lo largo de años de investigaciones y

descubrimientos que habrían de ir modificando gradualmente el contorno de mis mapas. Mapas que tendría que redibujar y reconfigurar sin descanso para no perderte la pista.[41]

Contacto en todas sus modalidades: la caricia suave, el apretón de manos cómplice, el toque breve de la mejilla, la caricia intensa, el masaje en el cuerpo, manos y pies; el contacto quieto que calma y cura, la exploración de la piel, de su contorno, su color, su textura y su aroma. Nunca acabamos de dibujar el mapa táctil del otro. Tacto a ciegas, con mirada, abrazo total acogedor y tierno, contundente y generoso, flexible y apasionado.

Los abrazos son un capítulo importantísimo de estos espacios de intimidad compartidos. Son vitaminas emocionales que consuelan, acogen, vinculan y dan energía. Es importante saber dar, pedir y recibir abrazos. También es esencial expresar a nuestra pareja cómo son los abrazos y el contacto que nos gusta. El abrazo es terapéutico cuando se da sin barreras y con corazón. Al abrazarnos a la persona amada sentimos que formamos parte de una red de aceptación y ternura que nos vincula a la humanidad entera. Deberíamos abrazarnos más y mejor. Pero para dar bien un abrazo debemos darlo sin miedo y sin inseguridad, acogiendo, confiando y amando al otro. Y también deberíamos recibirlo con generosidad y con la humildad de permitir al otro ser generoso, aceptando su don.

El *Principio de autoaplicación previa de la Gestión Ecológica de las relaciones* afirma: *No podrás dar ni hacer por otro aquello que no eres capaz de darte y hacer para ti mismo.* Para abrazar y comunicarnos bien mediante el tacto, es importante la propia aceptación corporal, aprender a acogernos tal y como somos y por ser quienes somos; aprender a acariciarnos para

---

41. Siri Hustvedt. *Todo cuanto amé.* Editorial Circe, 2003.

134

poder acariciar, y a ser tiernos con nosotros mismos para poder dar ternura a nuestra pareja.

El sexo

La unión física no remedia el alejamiento humano.

ERICH FROMM

Hay personas que sólo piensan en sí mismas, y viven pendientes de sus necesidades, deseos y sentimientos. Incluso durante las relaciones sexuales no son capaces de compartir el placer, el amor o la felicidad. Quizá gocen del placer del momento, pero no del placer compartido con el otro. «Dos cuerpos frente a frente son, a veces, dos piedras y la noche, desierta», afirma Octavio Paz en un poema. Se puede considerar el sexo como algo trivial, placentero o lujurioso que puede darse con plena satisfacción aisladamente de los sentimientos y del conocimiento y comunicación profunda. No obstante, la visión que disocia sexo de amor a veces puede conducir a fosos de soledad y aislamiento.

Erich Fromm afirmaba que la alegría por el sexo sólo se siente cuando la intimidad física es, al mismo tiempo, una intimidad resultado del amor. La unión física no remedia el alejamiento humano porque puede haber unión sin intimidad. Para que exista la intimidad deberemos haber creado conjuntamente este puente de unión profunda —formado por piezas de conocimiento, confianza, comunicación, generosidad y ternura— que es posible cruzar cuando dos seres se desean y se aman.

El sexo es importante en la vida de pareja. El buen uso de nuestro cuerpo, sensibilidad y sentimientos, puede ser una de las formas de comunicación más plenas.

> *Hacer el amor es recorrer palpando lo invisible del otro a la vez que se calma la líbido atormentada de la pasión. Esa armonía de los amantes es entonces perfecta y prueba una vez más que el amor sin pasión es impotente y la pasión sin amor insensible. Ahora bien, las convergencias amor y pasión son problemáticas y difíciles.*
>
> *Muchas veces el amor paraliza la pasión y esta puede enturbiar el amor o cegarlo debido a que el amor es subjetivo, íntimo y la pasión objetiva, abierta.*[42]

Solamente un buen sexo no justifica vivir en pareja, aunque una buena vida en pareja debe incluir buen sexo, como uno de los canales más importantes de comunicación íntima y placer compartido. Este es uno de los territorios comunes a explorar y en el cual se puede crecer juntos. La combinación sexo-amor-creatividad-misterio-sorpresa es un cóctel excelente.

> *El cielo, si es que existe, debe de ser un instante de sexo congelado. Hablo del sexo con amor, del apasionado encuentro con el otro. Si el sexo fuera una cuestión puramente carnal, no necesitaríamos a nadie: quién nos iba a atender mejor en nuestras necesidades que nuestra propia mano, quiénes nos iban a conocer y querer más que estos cinco deditos aplicados. Si el onanismo no nos es suficiente es porque el sexo es otra cosa. Es salir de ti mismo. Es detener el tiempo. El sexo es un acto sobrehumano: la única ocasión en la que vencemos a la muerte. Fundidos con el otro y con el Todo, somos por un instante eternos e infinitos, polvo de estrellas y pata*

---

42. Carlos Gurméndez.

de cangrejo, magma incandescente y grano de azúcar. El cielo, si es que existe, sólo puede ser eso.[43]

El placer

El erotismo es uno de los aspectos de la vida interior del hombre. Nos equivocamos respecto a él porque siempre busca afuera el objeto deseado. Pero dicho objeto responde a la interioridad del deseo.

GEORGES BATAILLE

El placer es el afuera que se hace dentro y el sufrimiento es el adentro que está siempre afuera esperando, buscando, anhelando, deseando insaciablemente.[44] En nuestra vida, en general, y en cada una de las relaciones que tenemos, en particular, es importante fomentar el placer. La cultura del placer ha sido mal entendida e incluso penalizada. Se ha trivializado y reducido a algo superficial e incluso sospechoso. Consideramos importante dar cabida al placer en nuestras relaciones y en nuestra vida. El Talmud nos recuerda que cada uno de nosotros deberá dar cuenta, en «el más allá», de todos aquellos placeres permitidos de los que nos hayamos abstenido.

En la relación de pareja el placer recíproco, resultado de una intimidad compartida en profunda comunicación, nos aporta verdadera satisfacción y felicidad. Pero no debemos centrar el tema placer sólo en el sexo. Cada sentido tiene que ser cuidado, mimado y estimulado. La mirada: aprendiendo a mirar mejor y a gozar de lo bello, a contemplar amorosamente al otro, con

---

43. Rosa Montero. *La hija del caníbal*. Espasa-Calpe, 2003.
44. Jaime Barylko.

cariño, con alegría y deseo; a admirar paisajes, arte y gozar de todas las formas y colores. El oído: escuchando bellas melodías; atendiendo y cultivando el arte de la escucha, susurrando, hablando y haciendo del silencio un arte. El olfato: disfrutando de las diversas fragancias, captando el aroma de nuestra pareja, oliendo su piel. El gusto: probando distintos sabores, disfrutando de los placeres de la comida y la bebida, degustando el sabor de nuestra pareja. El tacto: sintiendo el placer del tocar, notando las diferentes texturas, la calidez de otro cuerpo, gozando de sus caricias, besos y abrazos.

El placer de explorar juntos el mundo exterior y el mundo íntimo puede ser inacabable porque siempre cambiamos y somos nuevos. Para gozar del placer tenemos que reconocernos el derecho de disfrutarlo y darnos el permiso de sentirlo. El placer[45] es la sabia gratificación decantada por millones de años de evolución triunfante, es la recompensa por la acción biológicamente correcta. Podemos incrementar nuestras fuentes de placer y compartirlas con nuestra pareja. Nos esperan muchos paisajes por descubrir.

CON-VIVIR

De algún modo habían conseguido repartirse la alegría, pero con el dolor no lo consiguieron y cada uno se lo arrojaba todo entero al otro o lo arrebataba todo para sí, no dejándole nada al otro, como si se tratara de su dolor particular.

TRUYÁ SHALEV

---

45. Doctor Ramón Folch.

Generosidad, respeto y empatía son elementos indispensables para convivir, es decir para compartir espacio y vida con nuestra pareja. Por más atracción y enamoramiento que exista, sin estos ingredientes, la convivencia puede convertirse en un infierno de agresiones, descuidos y dolor.

Sólo la existencia de mucho amor o de mucha necesidad permite mantener una convivencia continua en el tiempo, a pesar de las dificultades que se presenten. En el primer caso —mucho amor— será una convivencia productiva y creativa, en el segundo caso —mucha necesidad— una relación de supervivencia que va a inhibir el desarrollo individual.

La palabra amor es equívoca puesto que puede significar muchas cosas. Como sentimiento puede ser confuso y engañoso. Lo que para uno es amor para otro puede no serlo. Así pues, preferimos hablar de acciones concretas ya que el «amor» sólo se actualiza conjugando en la práctica el verbo «amar».

Es importante preguntarnos: ¿Qué tenemos ganas de hacer con el otro? ¿Para qué queremos estar juntos? José Antonio Marina[46] responde lo siguiente: «¿Ir a la cama? Entonces esto es sexo. ¿Vivir con ella? Esto son palabras mayores. En nuestra cultura el amor de pareja se ha injertado en la vida familiar, pero no todo el que ama una persona soporta vivir con ella día tras día».

Una cosa es el deseo y otra distinta la convivencia, es más, estamos convencidos de que, a menudo, la convivencia acaba con el deseo. Convivir nos enfrenta a la realidad, al roce de la rutina y de los hábitos adquiridos; a las manías y a los aspectos más crudos del otro. Existen pues muchas posibilidades de que desaparezca el misterio y la creatividad.

La convivencia es un edificio en construcción cuyo éxito dependerá de nuestro trabajo, esfuerzo, capacidad de negociación,

---

46. Entrevista. Revista *Psicología y Salud Natural*.

sensibilidad, respeto y confianza pero, sobre todo, de nuestra capacidad de amar y compartir de forma generosa. Convivir suele ser más fácil en momentos favorables y de alegría. Compartir las cosas buenas siempre es más sencillo que enfrentarse al conflicto y a las situaciones dolorosas o críticas. Algunas parejas no pueden soportar tres aspectos que, tarde o temprano, se presentan en la convivencia: la rutina y la erosión de lo cotidiano; el deterioro provocado por la contaminación del clima de convivencia y las pérdidas unidas a sufrimiento intenso.

La *rutina de lo conocido y sabido* lleva a la nula capacidad para sorprender al otro y a la acomodación a una vida programada que no exige esfuerzo pero que tampoco nos mueve a crecer. Uno sabe lo que va a decir al llegar a casa y, a veces, lo que le van a responder, lo que va a comer y lo que va a hacer. Día a día, semana a semana, se repiten los mismos rituales: hoy a casa de tus padres y mañana a la de los míos; el trabajo de fuera y el de casa; los inicios y finales conocidos... Un día, uno se da cuenta que no desea volver a casa ya que allí no hay nada ni nadie que le provoque ilusión. Entonces, puede intentar buscar afuera los estímulos que necesita. Pero ¿es ahí donde están?

Es el momento de hacerse una pregunta clave... ¿qué aportamos para que nuestra convivencia sea estimulante y creativa? Porque esta tarea es nuestra responsabilidad y no se hace sola. El error más común suele residir en pensar que una vez encontrada la pareja «adecuada» la convivencia irá sobre ruedas. Pues esto no es así. De hecho, la convivencia es uno de los retos más difíciles a los que se enfrenta una pareja.

La convivencia emocionalmente ecológica también requiere que seamos capaces de *autogestionar nuestras emociones sin contaminar* a la persona que vive con nosotros. Hay muchos contaminantes emocionales que pueden dañar el clima de convivencia: la queja constante, el mal humor, el victimismo, la crítica destructiva, los juicios de valor, la mezquindad, los celos, la envidia, el rencor, el resentimiento y el exceso de control del otro.

Somos responsables de aguantarnos, de autocontrolarnos y de hallar estrategias para resolver nuestra tensión emocional de forma constructiva sin dañar a nuestra pareja. Así, si un día estamos de mal humor, debemos gestionarlo de tal forma que nuestra conducta no sea agresiva. Nuestra pareja, por más que nos ame —y precisamente por esto mismo— no debe ser un vertedero donde volcar nuestra basura emocional, ni tampoco nuestra tensión, estrés o la insatisfacción derivada de los problemas que tenemos con nosotros mismos y con los demás. Precisamente porque hemos elegido amarla, debemos amarla bien y mantener un medio emocional limpio que nos permita convivir en armonía. Nuestro espacio de convivencia es nuestra *reserva natural* a cuidar.

Cuidar el clima de convivencia no significa dejar de expresar las tensiones, las preocupaciones o los sentimientos de soledad que podamos experimentar. Es esencial mantener las líneas de comunicación abiertas y compartir nuestro pensar y sentir, buscando el momento y la forma adecuada. El propósito no será descargar nuestra tensión, sino compartir nuestra vida desde nuestro yo más honesto y sincero.

El tercer gran peligro de la convivencia es la *incapacidad para gestionar las situaciones de crisis, pérdida y sufrimiento* producidas por hechos vitales inevitables: accidentes, enfermedad, muerte o pérdida de un ser querido, trabajo o expectativas incumplidas. Cuando sufrimos existe el peligro de que nos aislemos en nuestro dolor y lo guardemos todo para nosotros mismos, bien sea para no preocupar al otro y protegerlo, bien porque no sabemos cómo compartirlo. Si no hallamos un puente para llegar al otro, corremos el riesgo de aislarnos y perdernos mutuamente.

Un espacio de convivencia de pareja creativo puede funcionar como sistema de apoyo emocional ante este tipo de situaciones. El hecho de poder expresar nuestro caos emocional sin ser penalizados, siendo acogidos, escuchados, atendidos y recibidos con amor es uno de los aspectos más ricos y valiosos de la convivencia. Pero este espacio ya tiene que existir cuando se produce la crisis porque, durante esta, no se puede improvisar. Sería como intentar enseñar a nadar a alguien durante un naufragio: un absurdo. Durante el caos emocional uno no puede improvisar algo que no existe: no podemos hallar comunicación profunda si no la hemos ido construyendo, ni aceptación y cuidado si no hemos ido mimando nuestro espacio conjunto día a día.

4

SOBRE TERRITORIOS, LÍMITES Y FRONTERAS

El espacio de crecimiento compartido es de diseño único
y exclusivo de cada pareja: no hay normas válidas para
todos. Cada pareja es un universo por sí misma y sería
injusto y superficial juzgar si su espacio es o no adecuado.

Si clarificamos los límites evitaremos tener
que construir fronteras y barreras. Si bien los
límites son necesarios para nuestro «bien vivir»,
las fronteras sólo sirven para aislarnos.

La unión física no remedia el alejamiento humano porque
puede haber unión sin intimidad, este puente de unión
profunda entre dos seres que se desean y se aman.

Un buen sexo no justifica una vida en pareja,
aunque una buena vida en pareja debe incluir
buen sexo, como otro más de los canales de
comunicación íntima y placer compartido.

Nuestra pareja, por más que nos ame —y
precisamente por esto mismo— no debe ser un
vertedero donde volcar nuestra basura emocional.

5

LA DESCOORDINACIÓN AMOROSA

La vida se encoge y se expande en proporción a la valentía que uno tiene.

ANAIS NIN

RITMOS DESCOMPASADOS

Película *Roma*, de Adolfo Aristarain. Buenos Aires: el protagonista se siente intensamente enamorado de Renée. Por primera vez, y tras múltiples relaciones basadas sólo en la atracción sexual, Juanco siente que ha encontrado a la mujer de su vida. Acompaña a Renée a casa y, en el momento de la despedida, le dice lo bien que se siente con ella. Ella le responde que también lo siente así y que no quiere perderlo, que valora mucho su amistad y que lo necesita. A continuación, le explica que no hace mucho había finalizado una relación tormentosa con un hombre treinta años mayor que ella, casado y con hijos. Le cuenta que, repetidamente, éste le había prometido dejar a su familia y casarse con ella, promesas siempre incumplidas; que dicha relación la estaba destrozando y decidió dejarla.

Renée le dice que cree que aún siente algo por él, aunque está confusa. Le explica que hace una semana él la volvió a llamar diciéndole nuevamente cuánto la necesitaba y pidiéndole reemprender la relación y tiempo para zanjar la relación con su esposa.

Renée se abraza a Juanco y le dice que no sabe qué hacer. Juanco no le expresa su amor (quizá por exceso de prudencia) y sólo le dice que, si le necesita, puede llamarle. Entonces se va. Él no la llama. Ella no le llama a él. Ambos se pierden de vista y continúan sus vidas.

Diez años más tarde hay un reencuentro entre ambos personajes. Para él, incluso estando lejos, Renée ha seguido siendo la mujer de su vida pero sólo han mantenido cierta relación en la lejanía (ella en Buenos Aires y él todo este tiempo en Madrid).

En la escena del reencuentro, se observa que ambos se sienten muy atraídos y que allí hay sentimientos no expresados. La pasión se desborda pero Renée dice a Juanco que su relación ya no es posible puesto que vive en pareja. Le recuerda la conversación de hace diez años y le echa en cara el hecho de que, cuando se fue, ella se sintió muy sola y abandonada por él.

Juanco, totalmente desconcertado, le dice que él la amaba y que se apartó porque creyó que ella no sentía nada por él. Renée le dice que ella sólo esperaba que, cuando le dijo que se sentía confundida, la besara y le hiciera el amor. Esperaba que él eliminara con su amor su desconcierto. Nunca —le dice— se había sentido tan sola como aquel día hacía diez años. Tampoco esta vez expresan sus sentimientos reales, tampoco se permiten otra oportunidad. Nunca más sus caminos se volverán a encontrar. Por lo menos para Juanco, éste será para siempre un tema pendiente en su vida. A pesar de sus dos matrimonios e hijos posteriores, su sentimiento es de fracaso e infelicidad.

¿Qué habría pasado con la vida de ambos si Juanco o Renée hubieran expresado aquel día lo que sentían y hubieran pedido lo que necesitaban? Si Juanco hubiera sido capaz de decir:

> —*Veo que estás confundida, pero déjame decirte que te amo, que eres muy importante para mí, que estaré a tu lado y sabré darte tiempo.*

O si Renée le hubiera dicho:

> —*Deseo que me beses y me abraces. Esto es lo que necesito ahora. Quiero ver cuál es la realidad de mi sentimiento.*

Posiblemente sus vidas habrían sido totalmente distintas. ¿Mejores, peores? No lo sabemos. Lo cierto es que este es un caso típico de descoordinación amorosa. Por miedo, por vergüenza, para no ser rechazados, por excesiva prudencia, por inseguridad sobre cómo expresarnos... por temor a las consecuencias de hacerlo, decidimos no arriesgarnos. Y no correr riesgos en nuestras relaciones es el mayor riesgo de todos.

Las personas enfermamos más por lo que no hemos expresado y no hemos hecho en la vida que por haber actuado y habernos equivocado. El sentimiento necesita fluir y ser expresado en presente. ¿De qué sirve expresar en pasado?

> —*Yo te amé mucho cuando tenía diecisiete años. Y sufrí mucho por ti* —dice una persona de cuarenta a su amor de juventud.

—¡Pero si yo estaba locamente enamorado de ti! Nunca me atreví a decírtelo porque pensaba que no estabas a mi alcance.

¿Os imagináis esta escena? ¿Quizá la habéis vivido? ¡Cuánto sufrimiento en vano! ¡Cuánto desgaste inútil de energía! ¡Cuánta felicidad perdida!

La cobardía es enemiga del amor. ¿Qué es lo peor que nos puede pasar por expresar a alguien nuestro amor? Que nos diga que no nos corresponde. Y entonces deberemos integrar este elemento en nuestra realidad, porque es la realidad del momento. Pero ¿y si también hay algún tipo de sentimiento en la otra persona?, ¿y si a partir de ahí puede nacer una relación especial?, ¿y si puede correspondernos? En todo caso, ¿a quién no le gusta saber que es amado?

Cuando yo te amo, no me amas tú. Cuando tú me lo dices, yo ya he tomado otro camino y no quiero arriesgarme a perder lo conseguido. Nunca lo expreso y, cuando estoy viejo, me queda un sentimiento de vacío que ya no tiene remedio. De nada sirve un *Si le hubiera dicho...*

Expresemos nuestro amor cuando lo sintamos. No lo dejemos para mañana o para nunca. No hay nada peor para nuestra salud emocional que poner diques al amor.

NO QUIERO ENAMORARME. AHORA NO

El corazón tiene razones
que la razón ignora.

BLAISE PASCAL

Dicen que cuando nos enamoramos perdemos la cabeza. ¿También el corazón? Quizá por este motivo algunas personas tienen cierto miedo a enamorarse. Son conscientes de que, cuando se enamoran, pueden ser lo que no son o pueden no saber lo que son.

Algunas personas temen perder el control de su propia vida durante el enamoramiento. En esta etapa podemos dejar de hacer cosas que nos interesaban profundamente, disminuye nuestra capacidad de concentración y nuestro pensamiento entra en una rueda obsesiva centrando toda la atención en el otro. Perdemos la tranquilidad, estamos especialmente activados, sensibles y nuestro ánimo oscila entre la euforia y el desánimo, el miedo y la imprudencia.

«No me conviene enamorarme, ahora no», es el planteamiento de algunos adultos que han aprendido a vivir de forma autónoma, solos pero no en soledad y que disfrutan de una vida profesional en la que han invertido mucho. Su objetivo, por lo que a pareja se refiere —suponiendo que no opten por vivir solos— suele ser conseguir una relación tranquila, basada principalmente en el compañerismo y la amistad, y centrada en aquello que se comparte, eliminando las tensiones derivadas de la convivencia. Encontrarse, relacionarse y luego cada uno a su casa, a su propio territorio, a su propio espacio de libertad, con su propio margen de maniobra. Nada tan intenso que trastoque la vida personal y profesional. Una relación que, aunque no sea tan fuerte, sea equilibrante y de calidad.

Esta es una opción que cada vez se da con mayor frecuencia. Quien la elige suele ser una persona inteligente y autónoma pero que, hasta cierto punto, duda de su capacidad para gestionar las emociones intensas. Tiene miedo a perder su autocontrol emocional, le preocupa no saber poner límites y perder libertad de acción y de decisión. Sobre todo teme que sean sus emociones las que dirijan su vida. La suya es una elección de autoprotección y es una elección legítima.

Alguien puede preguntarse si podemos elegir no enamorarnos. Ésta es una interesante cuestión. De hecho puede conseguirse si, al menor indicio de esta posibilidad, salimos huyendo y no nos exponemos a nuevos encuentros. Moverse en territorio relacional tibio puede reducir las posibilidades. En todo caso, elegir no enamorarse no significa elegir no amar. La capacidad de amar, expresada en acciones amorosas hacia los demás, es algo que es importante ejercer tanto si hemos optado por vivir solos como en pareja.

CRECES A UNA VELOCIDAD QUE TE PIERDO: RITMOS DESINCRONIZADOS

> *¿Por qué no puedes cambiar también tú? Y entonces él dijo: «Yo iré cambiando a mi ritmo, no vas a ser tú quien me lo dicte».*
>
> SIRI HUSTVEDT

Cuando uno cambia y crece, y el otro se detiene en su evolución personal, aparece una desincronía en la pareja. Dos personas que han compartido un camino y un proyecto común pueden tener la sensación de que empiezan a alejarse. A veces aparecen intereses nuevos, inquietudes que mueven a la exploración, deseos inesperados, mayor conciencia de las propias necesidades o un nuevo proyecto personal. En otras ocasiones, uno se da cuenta que la rutina lo está matando lentamente y de que existen cantidad de rutas y paisajes que le gustaría conocer. No quiere limitarse y, entonces, se mueve y busca. Tal vez quiera empujar a su pareja a seguirle en este nuevo camino. Pero, a veces, el otro no siente lo mismo, ya se ha acomodado a otro ritmo y puede interpretar como una traición el nuevo impulso y cambio de su pareja. Se está produciendo una ruptura unilateral del contrato relacional: a uno ya le sienta bien el que tienen, al otro le parece insuficiente o quiere introducir novedades.

Ambos sienten miedo. El uno de quedar atrás, el otro de perder de vista al que se queda. Ambos sienten ira: el uno porque el cambio unilateral del contrato que tenían le supone asumir una serie de pérdidas indeseadas; el otro, por lo que considera desinterés de su pareja en esforzarse a seguirle. Ambos pasan por un período de desincronización y crisis. Surge el desencuentro.

A veces uno renuncia a explorar para «no perder a su pareja» y en esta decisión puede llegar a perderse a sí mismo. Al intentar entrar en la dinámica del otro sin desearlo ni necesitarlo, progresivamente, va acumulando un resentimiento que también acabará destruyéndolos a ambos.

También puede ocurrir que el que decide crecer y desarrollarse acabe haciéndolo solo y pagando el precio de la ruptura de su relación. Esto sucede bien sea porque el otro no puede asumir los cambios y le pida que desista —algo que no está dispuesto a hacer—, o bien porque él mismo vea la necesidad de continuar su camino sin sentir que arrastra «un peso muerto» que le impide caminar bien. Sea como fuere, siempre hay un precio a pagar.

No obstante, también puede suceder que el impulso de mejora de uno sea capaz de despertar en el otro su propio impulso y motivación de mejora. Entonces, después de un período de incertidumbre, empieza una nueva etapa de crecimiento del proyecto común: la pareja mejora porque cada uno de sus miembros mejora y crece.

—Nada ha cambiado —se dijo el caracol—. No se advierte el más insignificante progreso. El rosal sigue con sus rosas, y eso es todo lo que hace.

Pasó el verano y vino el otoño, y el rosal continuó dando capullos y rosas hasta que llegó la nieve. El tiempo se hizo húmedo y hosco. El rosal se inclinó hacia la tierra; el caracol se escondió bajo el suelo. Luego comenzó una nueva estación, y las rosas salieron al aire y el caracol hizo lo mismo.

—Ahora ya eres un rosal viejo —dijo el caracol—. Pronto tendrás que ir pensando en morirte. Ya has dado al mundo cuanto tenías dentro de ti. Si era o no de mucho valor, es cosa que no he tenido tiempo de pensar con calma. Pero está claro que no has hecho nada por tu desarrollo interno, pues en ese caso tendrías frutos muy distintos que ofrecernos. ¿Qué dices a esto? Pronto no serás más que un palo seco... ¿Te das cuenta de lo que quiero decirte?

—Me asustas —dijo el rosal—. Nunca he pensado en ello.

—Claro, nunca te has molestado en pensar en nada. ¿Te preguntaste alguna vez por qué florecías y cómo florecías, por qué lo hacías de esa manera y no de otra?

—No —contestó el rosal—. Florecía de puro contento, porque no podía evitarlo. ¡El sol era tan cálido, el aire tan refrescante...! Me bebía el límpido rocío y la lluvia generosa; respiraba, estaba vivo. De la tierra, allá abajo, me subía la fuerza, que descendía también sobre mí desde lo alto. Sentía una felicidad que era siempre nueva, profunda siempre, y así tenía que florecer sin remedio. Tal era mi vida; no podía hacer otra cosa.

—Tu vida fue demasiado fácil —dijo el caracol.

—Cierto —dijo el rosal—. Me lo daban todo. Pero tú tuviste más suerte aún. Tú eres una de esas criaturas que piensan mucho, uno de esos seres de gran inteligencia que se proponen asombrar al mundo algún día.

—No, no, de ningún modo —dijo el caracol—. El mundo no existe para mí. ¿Qué tengo yo que ver con el mundo? Bastante es que me ocupe de mí mismo y en mí mismo.

—¿Pero no deberíamos todos dar a los demás lo mejor de nosotros, no deberíamos ofrecerles cuanto pudiéramos? Es cierto que no te he dado sino rosas; pero tú, en cambio, que posees tantos dones, ¿qué has dado tú al mundo? ¿Qué puedes darle?

—¿Darle? ¿Darle yo al mundo? Yo lo escupo. ¿Para qué sirve el mundo? No significa nada para mí. Anda, sigue cultivando tus rosas; es para lo único que sirves. Deja que los castaños produzcan sus frutos, deja que las vacas y las ovejas den su leche; cada uno tiene su público, y yo también tengo el mío dentro de mí mismo. ¡Me recojo en mi interior, y en él voy a quedarme! El mundo no me interesa.

Y con estas palabras, el caracol se metió dentro de su casa y la selló.

—¡Qué pena! —dijo el rosal—. Yo no tengo modo de esconderme, por mucho que lo intente. Siempre he de volver otra vez, siempre he de mostrarme otra vez en mis rosas. Mis pétalos caen y los arrastra el viento, aunque cierta vez vi cómo una madre guardaba una de mis flores en su libro de oraciones, y cómo una bonita muchacha se prendía otra al pecho, y cómo un niño besaba otra en la primera alegría de su vida. Aquello me hizo bien, fue una verdadera bendición. Tales son mis recuerdos, mi vida.

Y el rosal continuó floreciendo en toda su inocencia, mientras el caracol dormía allá dentro de su casa. El mundo nada significaba para él. Y pasaron los años. El caracol se había vuelto tierra en la tierra, y el rosal tierra en la tierra, y la memorable rosa del libro de oraciones había desaparecido... Pero en el jardín brotaban los rosales nuevos, y los nuevos caracoles se arrastraban dentro de sus casas y escupían al mundo, que no significaba nada para ellos. ¿Empezamos otra vez nuestra historia desde el principio? No vale la pena; siempre sería la misma.[47]

CUANDO YA NO SE PUEDE VOLVER ATRÁS

No se puede enmendar una vida no vivida.

MIQUEL MARTÍ I POL

No expresas las emociones en presente y dices las cosas cuando ya no se puede volver atrás. *Yo aquel día esperaba... quería... sentía... y tú no lo supiste ver. Pero lo dices hoy, y yo ya no lo puedo cambiar, no puedo hacer nada. ¿Por qué me lo dices ahora? ¿Para provocar mis sentimientos de culpa? ¿Como venganza? ¿Con resentimiento? Entonces, ¿por qué no me lo dijiste en su momento?: Espero que tu... siento... quiero... ¿puedes, quieres satisfacer mi demanda? ¿Demasiado sencillo?*

Se espera que el otro nos adivine, que intuya nuestras necesidades aun sin haberlas manifestado. Y el otro nos defrauda y nos frustra. Caemos en el *error del adivino*: si me quiere va a

---

47. Hans Christian Andersen. Fragmento de *El caracol y la rosa*.

saber qué pienso, qué siento, qué espero de él o de ella. Entonces, cuando no adivina bien, deducimos que es porque no nos quiere, en lugar de plantearnos si nosotros nos hemos expresado con claridad. Así ocurre, una y otra vez, en un constante juego de disparates y de expresiones desfasadas, fuera de lugar y fuera de tiempo. Decir algo que ya no se puede cambiar, como queja, sólo sirve para contaminar nuestra relación. En todo caso podemos aprender del pasado y extraer una lección para aplicar y mejorar nuestro presente. Es nuestra responsabilidad expresarnos mejor y enseñar a nuestra pareja como amarnos mejor. Pero siempre en presente.

EL CAOS DE LA PAREJA

Caos = Confusión y desorden completo

Dos personas que conviven

**INDIVIDUALIDADES
«CONVIVIENTES»**

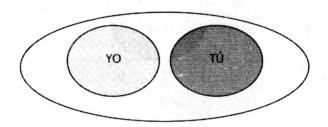

POSIBILIDAD 1: Dos personas, cada una con su propio proyecto a desarrollar. **Conviven sin plantearse ni dedicar atención a la construcción de un proyecto común.** Resultado: No hay posibi-

lidad de construir un *nosotros*. Serán dos personas que comparten piso, gastos, sexo y poca cosa más. Dos «individualidades convivientes» que viven cada uno por su lado. Progresivamente se van distanciando a nivel afectivo y llega un punto en que se convierten en dos extraños.

POSIBILIDAD 2: Dos personas que conviven

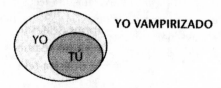

YO VAMPIRIZADO

Una tiene un proyecto de desarrollo personal. La otra tiene como proyecto *estar con el otro y alimentarse del suyo*. Resultado: No hay posibilidad de construir un «nosotros». Tarde o temprano el que tiene inquietudes y proyectos se cansará de cargar con la vida del otro y de ser responsable de su felicidad. Se hartará de asumir el peso de planificar y ejecutar la vida conjunta. Es muy posible que decida marcharse y acabar con la relación, o que se quede, en detrimento de su propio desarrollo personal, y vaya agotando su energía.

POSIBILIDAD 3: Dos personas que conviven

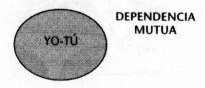

DEPENDENCIA MUTUA

Ninguna tiene proyecto de desarrollo personal. Sólo tienen el proyecto de vivir juntos como pareja. Las posibilidades de éxito son escasas. Ambos son personas necesitadas. Necesitan a otro para tener sentido. Resultado: Su equilibrio es tan frágil y la relación tan dependiente que no ofrece ninguna base sólida donde construir conjuntamente. Esta relación es de primera necesidad, pero pueden continuar toda la vida «vegetando juntos».

POSIBILIDAD 4: Dos personas que conviven

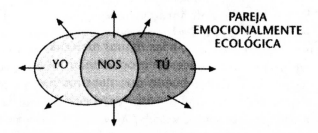

Dos personas con proyecto individual de crecimiento y de vida se eligen, deciden vivir en pareja y se plantean un proyecto conjunto de vida. A partir de aquí se inicia una aventura compartida en la que cada día va a ser una oportunidad para crecer juntos. Esta pareja emocionalmente ecológica va a elegir conjuntamente qué territorios serán comunes y cuáles se mantendrán como espacios personales necesarios. Ambos se expandirán y se enriquecerán mutuamente.

Podríamos continuar barajando posibilidades. Lo cierto es que, tanto en el mundo de la pareja como en la vida en general, se puede vivir de muchas formas. Y hemos aprendido que algunas de estas formas no nos dejan vivir bien. Para pasar del normal caos del inicio de la convivencia al logro de una relación de pareja armónica, el camino con mayores posibilidades de éxito es el que parte de dos personas con un proyecto propio de desarrollo personal dispuestas a trabajar en un proyecto de desarrollo conjunto generoso y abierto al mundo.

CUANDO LA PAREJA ES COMO UN HIJO O UNA HIJA O COMO UN PADRE O UNA MADRE

¿Me aman porque soy, o bien me aman por lo que soy?

¿Cuando hablamos de amor nos referimos al amor como solución madura a los problemas de nuestra existencia o bien a las formas inmaduras de amar que buscan una simbiosis con otro ser humano que nos complemente? En el proceso de convertirnos en personas, una de nuestras tareas va a ser integrar, en nuestro interior, a las figuras materna y paterna. Es decir, conseguir ser capaces de proporcionarnos a nosotros mismos aquello que sería bueno que nuestros padres nos hubieran dado: seguridad, guía, consuelo, acogida, amor, respeto, aceptación, control, ayuda, estímulos, refuerzos, reto, valor... Si así lo hacemos, seremos adultos autónomos y capaces de amar. Podemos compartir la vida de forma madura con otro ser humano sin utilizarlo, cosificarlo o explotarlo. Pero no siempre esto ocurre así.

A veces algo falla en este proceso de transferencia de control y afecto, bien sea porque los padres han educado en la dependencia en lugar de en la autonomía, o bien porque han estado afectivamente ausentes. Entonces el niño se convierte en un adulto con un tema afectivo pendiente del que podrá ser consciente o no. Y este adulto afectivamente inseguro podrá trabajar esta dimensión de su persona o pasarla por alto. En función de la actitud que adopte y del trabajo personal que haga para responsabilizarse de sí mismo, tendrá más o menos posibilidades de formar una pareja armónica.

En caso de que no sea consciente de su problema afectivo, puede esperar que su pareja sustituya al padre, a la madre o a ambos. Aunque no lo exprese así y nunca lo admita, lo espera, lo desea y lo necesita. En algunas ocasiones, esta expectativa sólo corresponde a uno de los miembros de la pareja y, en cambio, el otro desea relacionarse con un adulto en igualdad de condiciones. Entonces se produce una desincronía en los modelos individuales acerca de lo que cada uno espera de la convivencia. Al partir de expectativas distintas van a surgir problemas y decepciones para ambos.

Otra posibilidad es que uno busque un sustituto del padre o de la madre y que encuentre alguien dispuesto a desempeñar este rol. Entonces se inicia una relación desigual, en la que uno asume el papel de protector, director y ejecutivo. El otro se convierte en un eterno menor que busca protección y guía y pagará el precio de someterse y ceder el control al otro a cambio de sentirse seguro y evitar problemas.

También hay una combinación basada en la mutua necesidad de mantener un padre o una madre constantemente presentes. En este caso los papeles se intercambian en función de las necesidades de ambos y de las situaciones que viven. A veces uno hace de padre y otras de hijo y viceversa. Se llega incluso a adaptar las expresiones verbales a la realidad que se vive, llamando el hombre a su mujer «mamá» y ella a su marido «papá». Adiós al erotismo... porque ¿quién se siente atraído por su padre o por su madre a no ser que no haya superado el estado edípico?

En otros casos, la desincronía aparece cuando uno desea relacionarse de forma madura y el otro desea una relación desigual en la que se sienta o más poderoso o más protegido. Son necesidades opuestas ya que en una relación madura cada uno es responsable de dirigir su propia vida. Ya no vale buscar culpables o traspasar a la pareja la responsabilidad de la propia felicidad.

Quiero un compañero, no un hijo. Deseo una relación de pareja con un «igual» y no con un subordinado, un necesitado o una víctima quejica, es la demanda de la persona emocionalmente madura. Si uno se da cuenta de la imposibilidad de conciliar ambas visiones, probablemente decidirá finalizar esta relación imposible.

EL AUTISMO COMUNICATIVO

> *La existencia de una cantidad importante de zonas donde era imposible confluir hacían muy difícil amarla.*
>
> EDUARD MÁRQUEZ[48]

Cuando uno quiere comunicarse y el otro no, no es posible construir una relación. La paradoja del autismo comunicativo ocurre cuando uno de los miembros de la pareja se convierte en una especie de acorazado, cerrado y a la defensiva, que no expresa ni pensamientos ni sentimientos; una persona encerrada en su propio mundo o aislada en un mundo virtual al que el otro no tiene acceso.

La comunicación es imposible porque no hay puentes entre los territorios íntimos de ambos. El cordón umbilical que alimenta la relación deja de recibir oxígeno y, aunque uno se esfuerce, no se puede mantener unilateralmente una relación. Quizá haya matrimonio pero no hay pareja amorosa.

> —*¿Qué te pasa?*
> —*Nada. No me pasa nada.*

Pero lo cierto es que pasa mucho, pasa por dentro, pasa caóticamente y pasa sin que se consiga adivinar la situación del otro. Es posible que este cierre comunicativo no sea debido a que uno

---

48. Eduard Márquez. *Cinc nits de febrer*. Quaderns Crema, 2000.

no quiera compartir, sino a la existencia de un analfabetismo emocional que incapacita para expresar lo que se piensa o para poner nombre a lo que se siente. La falta de educación emocional y la ausencia de vocabulario afectivo dificulta, cuando no bloquea, el camino del buen amor.

El cierre habitual y prolongado de la comunicación imposibilita la relación de pareja. Si el cierre en la vía de comunicación es puntual, es importante que aprendamos a respetarlo, a dar tiempo al otro para comunicarse con nosotros o aceptar su derecho a reservarse información. Si somos nosotros quienes no deseamos compartir algo, es mejor aprender a manifestar con precisión nuestra posición para que nuestra pareja pueda orientarse mejor y, así, no cerrar todos los puentes de comunicación.

> —*¿Qué te pasa?*
>
> —*No sé exactamente lo que me pasa. No es que no quiera comunicarme contigo. Es que necesito poner cierto orden en mi interior. Dame tiempo.*
>
> —*Me pasa algo, pero no estoy aún en condiciones de hablarlo contigo.*
>
> —*Ésta es una parte de mí que no quiero compartir contigo. Por favor, respétalo.*
>
> —*Me siento malhumorado, preocupado, infeliz, angustiado, molesto, caótico —o como sea que nos sintamos—... pero ahora no quiero hablar del tema. Pido tiempo fuera.*

Todas las respuestas son mejores que la opción de responder «nada». Uno admite que algo ocurre aunque no quiera o no se sienta en condiciones de dar a la pregunta del otro una respuesta precisa. Pedir *tiempo fuera* significa que deseamos disponer de un espacio sin preguntas y de tiempo para elaborar, sin recriminaciones, lo que sentimos. *Tiempo fuera* es un derecho que deberíamos ser capaces de pedir y dar con naturalidad. Es necesario para clarificarnos y gestionar nuestras emociones y una tarea que nadie puede hacer por nosotros.

Es importante adquirir un lenguaje compartido que nos sirva en estos momentos difíciles. Todo avance en este sentido es mucho mejor que aislarse y responder *nada*. Así, no nos sentimos excluidos aunque la respuesta que podamos dar o recibir no siempre sea fácil o de nuestro agrado.

La gestión emocional necesaria para reequilibrar la relación deberá ser realizada por ambos: uno, para volver a la línea emocional base que le permita reconectar con el otro sin agredirlo; el otro, para aceptar que éste tiene el derecho de compartir o no sus pensamientos, sentimientos y momento vital. Además, será importante trabajar individualmente la autoconciencia emocional y la capacidad de comunicación. Así tenderemos puentes de conexión en lugar de ahondar en el foso de la incomunicación.

DIALES DISTINTOS

> *Te propongo construir / un nuevo canal / sin exclusas / ni excusas que comunique por fin / tu mirada / atlántica / con mi natural pacífico.*

> Mario Benedetti

Como si teniendo cada uno un aparato de radio sintonizado en una longitud de onda distinta, esperásemos oír lo mismo. Nos encontramos y emitimos juicios de valor sobre lo que hemos captado y nuestra conversación se convierte en un constante *juego de disparates*. Uno espera que le hables de la música y el otro está explicando un partido de fútbol o comentando un programa de chismes. La frustración comunicativa puede ser terrible.

Pirámide de Calidad de Comunicación

El hecho es que, al comunicarnos, podemos posicionarnos en distintos niveles de calidad de conversación. Por ejemplo, podemos hablar con *tópicos* —con frases hechas, rutinarias, que no precisan ni atención ni esfuerzo, que no arriesgan nada—: *¿Qué tal te ha ido el día?* (esperando un *yo bien, ¿y tú?*); un *¿Qué hay para cenar?*, o bien *¿Has recogido mi ropa?*, o un *¡Uff, qué tiempo más frío!* Podemos conversar hablando de *temas emocionalmente neutros* —de los demás, de los vecinos, de lo que hemos hecho hoy— sin estar comunicando casi nada respecto a nosotros mismos. O también podemos subir a un nivel superior y compartir lo que *pensamos* —damos nuestra opinión— y nos arriesgamos a que el otro nos lleve la contraria, o desapruebe lo que decimos; a la vez, podemos sentirnos gratificados por esta conversación respetuosa, y sentir la alegría de compartir nuestras visiones sobre el mundo.

En la pareja debería ser posible, y habitual, el siguiente nivel de calidad de comunicación: la *comunicación emocional*, compartir lo que sentimos, sin necesidad de escondernos, o protegernos por miedo a que el hecho de expresarnos repercuta en contra nuestra: *me siento angustiada, estoy triste, hoy me he sentido amenazado cuando..., me siento feliz por..., te amo...* Cuando cruzamos el puente de la comunicación emocional con nuestra pareja y recibimos de ella una devolución similar, nuestra relación crece, se hace plena y el sentimiento de soledad desaparece.

Pero ¿qué ocurre cuando los diales no sintonizan? Nos hallamos ante una de las *desincronías* que más problemas pueden causar en las relaciones afectivas, en general, y en las de pareja, en particular.

Imaginemos esta posibilidad:

> —*¡Hoy me siento muy desanimada!*
> —*Oye... ¿Qué has preparado para cenar?*

INTERPRETACIÓN: no le importo, sólo me necesita y me utiliza para su comodidad. Uno se halla en el nivel de comunicación emocional y el otro se sitúa en el de tópicos.

Segunda posibilidad:

> —*¡Estoy fatal!*
> —*¡Pues mira, que yo he tenido un día...!*
> —*Eres un egoísta. Nunca me escuchas.* (Dos errores: un juicio de valor y una generalización.)
> —*Es que siempre te estás quejando.* (ídem)

INTERPRETACIÓN: línea cerrada y acabada. Ambos se dicen: lo importante para mí soy yo. ¡Que cada uno se solucione lo suyo!

Tercera posibilidad: uno sintoniza en el dial emocional y la pareja lo capta y se sitúa a este nivel. Al iniciar una conversación con información emocional uno espera que su pareja se coloque en sintonía. Veamos:

> —¡Hoy me siento muy desanimada!
> —¿Quieres hablarlo?
> —Sí, lo necesito.
> —¿Por qué te sientes desanimada?
> —Pues resulta que...

¿Un puente o un abismo? Nosotros elegimos. ¿Significa esto que siempre «debemos» estar dispuestos a sintonizar en la misma longitud de onda? No, sólo cuando queramos mantener líneas de comunicación abiertas y fluidas. En caso de que en aquel momento no estemos dispuestos a adoptar la misma sintonía comunicativa, podemos expresar (por ejemplo):

> —Si necesitas hablarlo, cuenta conmigo pero debo decirte que en este momento también estoy muy alterado por el día que he tenido. ¿Te parece que lo dejemos para después de cenar?

Estar atentos a las demandas del otro es importante. Compartir pensamiento, sentimiento y cotidianidad es tejer conjuntamente vida y esto forma parte del proyecto conjunto. La generosidad es uno de los caminos más ricos para crecer en pareja.

LA AQUIESCENCIA COMO FORMA DE CONSERVAR LA ENERGÍA

> —Pepe, cariño, ¿verdad que soy un cielo?

—Sí.

—Pepe, ¿verdad que no podrías vivir sin mí?

—Sí, verdad.

—¿Verdad que soy lo más importante de tu vida?

—Sí.

—¿A que soy maravillosa?

—Sí.

—¿Verdad que me quieres mucho, mucho, mucho?

—Sí.

—¡Ay, Pepe, qué cosas tan bellas me dices!

¿Un dueto o un solo? La necesidad de ser elogiado y reforzado domina a la necesidad de vivir en la realidad y ser amado en verdad. Uno se miente, se inventa lo que el otro no dice y se lo dice a sí mismo. ¿Un disparate o una estrategia propia de alguien que vive en una fantasía, que está desesperado o considera que nunca encontrará quien realmente piense y sienta esto por él? En este juego de roles el que asiente pasivamente se convierte en un personaje que también juega a mentir para vivir una vida más cómoda y más fácil.

—Estás de mal humor. ¿Qué te pasa?

—Nada.

—¿Es algo que yo dije?

—No.

—¿Es algo que no dije?

—No.

—¿Es algo que yo hice?

—No.

—¿Es algo que no hice?

—No.

—¿Es algo que yo dije casualmente en referencia a algo que hice cuando lo que hice no debí haberlo hecho, o al menos debería haberlo hecho diferente y tomando en cuenta tus sentimientos?

—Quizá.

—¡Lo sabía!

Un monólogo. Un interrogatorio. Tenemos una persona encapsulada que no quiere verbalizar ni comunicar y otra que no quiere darse cuenta de la negación de la otra a comunicarse. Insiste una y otra vez, intenta averiguar lo que ya ha decidido que sabe. Ya ha decidido cuál es la tonalidad emocional del otro y también que ella misma ha sido la causante. La aparente conversación busca sólo confirmar su propio planteamiento. Quien pregunta también está encapsulado en su propio mundo. Ambos viven solos.

ELÓGIAME PARA QUE ME QUEDE CONTIGO

A la larga, el aplauso constante desconcierta.

ADAM PHILLIPS

Aquí no vale que lo diga yo. Debes darme lo que yo necesito que me des para mantener y alimentar una autoestima que no tengo. Elógiame, pues, para que decida quedarme contigo aunque sea a costa de perder lo que amo y de no amar bien lo que tengo.

Por un lado, existe la necesidad de mantener la pareja por estatus, por comodidad o por seguridad y, por el otro, la de mantenerla a cambio de recibir los halagos, elogios y refuerzos que le confirmen algo de lo que se siente insegura: que tiene valor por sí misma, que es especial, y digna de ser amada. No obstante, no es amor lo que se pide. Ni el uno ni el otro buscan ser bien amados. El deseo de ser elogiado puede en ocasiones superar al deseo de ser comprendido, al de ser amado e incluso al de ser deseado y respetado. Uno se queda con otro sabiendo, en el fondo, que se trata de una relación de intercambio a la que ambos dan el falso nombre de amor.

DOMINIO Y PRISIONES

No entres allí de donde no puedas salir libremente.

Este es el caso de un hombre que tenía mucho éxito, pero estaba totalmente dominado por su mujer, una anglosajona típica, menudita, muy modesta, muy delgada, que no podía decir una palabra más alta que la otra, discretísima. Mandaba en la familia como una tirana, pero disimuladamente, con un estilo de inocencia y candor, a veces dulce y otras no tan dulce, pero con una conducta de exagerada modestia y retraimiento.

El marido, ya en edad avanzada, sufrió una depresión que le obligó a hospitalizarse. Los médicos, con mucha inteligencia, prohibieron las visitas de la mujer, pero permitieron las del hijo. Este hombre le confió a su hijo:

—¿Sabes? Soy feliz por primera vez en mi vida.

Puede parecer muy raro en un hombre deprimido y hospitalizado y, sin embargo, era totalmente cierto. Por primera vez se sentía un hombre libre, deprimido o no. Una vez volviese a casa, volvería a la prisión y ya no lo podría soportar.[49]

---

49. Explicado por Erich Fromm. *El arte de escuchar*. Paidós, 2003.

Para que exista un dominador tiene que haber alguien que se deje dominar. Una prisión con la puerta abierta no es prisión. Pero hay cárceles con barrotes de oro que no parecen prisiones. Y a veces no vemos que la prisión tiene una puerta siempre abierta por donde podemos salir cuando queramos. Nos confundimos y pensamos que lo que «tenemos» es estupendo, las formas lo son, la decoración también. ¿Por qué nos sentimos mal?

> Dos ratas blancas estaban conversando a través de los barrotes de sus jaulas de laboratorio.
>
> —Dime —dice la primera rata blanca a la otra—. ¿Qué tal te llevas con el doctor Smith?
>
> —Muy bien —respondió la segunda rata blanca a su compañera—. Me ha costado un poco, pero al final he conseguido entrenarlo. Ahora, cada vez que aprieto el timbre, me lleva la cena.

Los mecanismos de defensa que construimos para aguantar determinadas situaciones pueden ser poderosos. Pero es importante ir al fondo, hacer un ejercicio de realidad y tomar conciencia a partir de lo que nos comunican nuestras emociones. Ellas nos aportan los indicios clave que nuestra mente nos esconde:

> —*Me siento infeliz, desmotivado, triste, sin ilusión, sin fuerza, impotente, rabioso, ahogado...* (dice nuestro sentir).
>
> —*Pero si es una persona estupenda, si es muy educada, si nunca me manda nada, es trabajadora, buena madre o buen padre, es la persona que me conviene, gusta a mi familia...* (dice nuestro pensar).

Somos nosotros mismos sintonizados en diales distintos: mente y emoción. Desincronía entre emoción y pensamiento. Desincronía con uno mismo, la peor de todas. Se impone la necesidad de recuperar la coherencia, haciendo un ejercicio de honestidad y realidad para recuperar el control de nuestra vida y tomar decisiones emocionalmente inteligentes.

LA DESCOORDINACIÓN AMOROSA

No correr riesgos en nuestras relaciones
es el mayor riesgo de todos.

Las personas enfermamos más por lo que no
hemos expresado o no hemos hecho en la vida que
por haber actuado y habernos equivocado.

No hay nada peor para nuestra salud
emocional que poner diques al amor.

La falta de educación emocional y la ausencia
de vocabulario afectivo dificulta, cuando
no bloquea, el camino del buen amor.

La necesidad de ser elogiado y reforzado puede
dominar a la necesidad de vivir en la
realidad y ser amado en verdad.

DE LA GESTIÓN EMOCIONAL
DESADAPTATIVA...

No sé si esta cama podrá soportar tanto dolor.

TSURÁ SHALEV

POR UNA NOCHE DE PASIÓN...

Una persona suele estar, a menudo, donde ha elegido estar.

Se cuenta que una hormiga y un elefante se enamoraron loca y apasionadamente. Las amigas de la hormiga le desaconsejaban seguir adelante con la relación.

¿No ves que no te conviene? —le decían— No tenéis nada en común.

Pero ella, ciega de pasión, no les hizo caso. Así que tuvo su cita con el elefante y dejándose llevar por su enamoramiento y deseo, hicieron —¡vaya usted a saber cómo!— el amor toda la noche, una y otra vez, sin descanso. Amaneció, y la hormiga despertó al lado de su enamorado elefante. De repente, consternada, se dio cuenta de que éste no respondía a su llamada y que había muerto. Al darse cuenta de la situación y de su gravedad, el único comentario de la desolada hormiga fue:

Por una noche de pasión... ¡voy a pasarme toda la vida cavando una tumba!

¿Os recuerda algo esta anécdota? La elección de la pareja no es inteligente si sólo se basa en la pasión y el deseo. Ambos elementos son importantes pero, si bien son condiciones necesarias, no son condiciones suficientes para el buen éxito de la misma. Elegir pareja sin plantearse si con ella es posible construir un proyecto común de convivencia, basado en valores compatibles, puede llevarnos a una situación similar a la de la hormiga. Podemos pagar un precio demasiado caro por la satisfacción de un deseo que no nos llevará a nada. ¡Cuántas personas viven en pareja sintiendo que están cavando toda la vida su propia tumba! Y esto no es amor, es masoquismo.

CUANDO FINALIZAN LOS CUENTOS

El amor sólo vive renaciendo sin parar.

EDGAR MORIN

Cuando finalizan los cuentos empieza la realidad: nuestra vida cotidiana: los inconvenientes de cada día, las prisas, los problemas del trabajo, las dificultades económicas y las exigencias de las personas que nos rodean; el electrodoméstico que se avería y el proyecto que no sale como quisiéramos; una enfermedad o accidente inesperado, la muerte de una persona querida; la complejidad y el reto de educar a los hijos y su partida cuando se independizan... Vida, en definitiva.

Así finalizaban los cuentos: «Se encontraron, se enamoraron, se eligieron y se casaron. Y así vivieron felices y comieron perdices». Pero se olvidaron de explicarnos lo que seguía en esta historia. Y lo que sigue es una vida llena de experiencias que moverán emociones y sentimientos, a veces caóticos, que deberemos ser capaces de canalizar adecuadamente.

Vivir en pareja es algo complejo y un camino de crecimiento personal y conjunto que sólo será posible si cada uno es capaz de gestionar su propio mundo emocional de forma ecológica e inteligente. Esto implica por un lado evitar lanzar la *basura emocional* sobre la pareja —descargar en ella las frustraciones y la ira que acumulamos— ejerciendo el control sobre uno mismo. Por otro lado, requiere dirigir creativamente la energía que generan las emociones, siendo generosos expresando lo que sentimos y mostrando ternura y afecto.

El reto reside en enfrentar las pequeñas adversidades de cada día y algunas grandes dificultades que, segura e inevitablemente, surgirán en la vida conjunta. También se trata de mantener la visión positiva, la ilusión y la esperanza en momentos de oscuridad pensando que *este momento difícil pasará* si luchamos para que pase. En caso contrario, la relación no avanzará y se hundirá al más mínimo tropiezo.

Una vez nos dieron un ejemplo que puede ayudar a superar momentos difíciles y a no dejarse llevar por el pánico ante las dificultades.

> Imaginad que vuestra pareja es como una habitación que contiene muebles, objetos, colores, luz. Es una estancia que os gusta y que conocéis bien, estáis familiarizados con ella. Allí encontráis acogida, descanso, paz, y también estímulos y alegría.
>
> Imaginad que se hace de noche y que la luz se va. Toda la estancia queda a oscuras. Parece que allí no hay

nada, no veis nada, ninguno de los objetos que amáis, y os sentís incómodos y perdidos. Por otro lado, sabéis que aunque no lo veáis, todo lo que amáis sigue allí e incluso sois capaces de orientaros en la oscuridad. La razón os dice que cuando regrese la luz, recuperaréis la estancia con todo su contenido, luz y colores.

Lo mejor que podemos hacer en estos momentos es mantener la calma y confiar en nosotros mismos y en el otro. De nada sirve dejarnos llevar por la ira o por el pánico. Nada ha desaparecido, sólo ocurre que no lo vemos en aquel momento. Y la luz volverá.

De igual forma en momentos difíciles. Cuando finalizan los cuentos no finaliza la vida, ni la ilusión, ni la capacidad de soñar, de esperar, de luchar, o de mejorar. Cuando finalizan los cuentos, nos encontramos el uno al otro, frente a frente, dos realidades que, si lo deseamos y luchamos para conseguirlo, pueden llegar a amarse de verdad.

EL ORIGEN DE LOS PROBLEMAS

La resignación es un suicidio diario.

PÍNDARO

La deseducación amorosa, las creencias distorsionadas sobre lo que uno puede y debe esperar en la relación de pareja y las expectativas poco adaptadas a la realidad que generan constante frustración; el egoísmo, los prejuicios, la comodidad, la baja autoestima, la incompetencia en la comunicación; la falta de asertividad para pedir lo que necesitamos, para expresar lo que pensamos o sentimos y para hacer lo que es más coherente, pueden ser algunos de los factores de desequilibrio en la pareja.

Al final, nuestros problemas afectivos acaban derivando en alguno de estos puntos:

- Queremos ser más amados de lo que somos o nos sentimos amados.
- Queremos ser amados de forma distinta a como nos aman.
- Queremos obligarnos a amar al otro —al que sentimos que ya no amamos tanto o que hemos dejado de amar—, porque de esta forma nuestra vida será más fácil y evitaremos tomar decisiones dolorosas que sabemos van a provocar sufrimiento en otros.
- Queremos dejar de amar a quien no nos ama o nos ama mal, pero nos sentimos atados y no sabemos desprendernos.

Sea cual sea nuestro caso hay algunos puntos para mejorar:

- Tomar conciencia de lo que sentimos en realidad y decodificar la información que las diferentes emociones nos aportan.[50]
- Comunicar a nuestra pareja lo que sentimos y expresarle *cómo* deseamos ser amados en lugar de decirle que queremos ser *más* amados.
- Si hace ya tiempo que no nos sentimos amados o nos sentimos ignorados o maltratados, será necesario finalizar la relación en lugar de conformarse a aceptar «los restos afectivos». Para lograrlo será necesario entender que acabar una relación no supone haber fracasado. Fracaso sería guardar las formas de una relación inexistente o muerta. Es preciso aprender a decir adiós y a cerrar bien los temas a fin de que

---

50. Véase *Ecología Emocional* (de los autores).

no queden como heridas emocionales abiertas en nuestro interior de forma permanente.

ATRAPADOS EN NUESTRAS CREENCIAS

Un día un niño vio cómo un elefante del circo, después de la función, era amarrado con una cuerda a una pequeña estaca clavada en el suelo. Se asombró de que tan corpulento animal no fuera capaz de liberarse y que, además, no hiciera el más mínimo esfuerzo para conseguirlo.

Decidió preguntar al hombre que lo cuidaba y éste le respondió:

—Es muy sencillo. Cuando era pequeño ya lo amarramos a esta estaca. Entonces intentaba liberarse pero aún no tenía fuerza para hacerlo. En determinado momento dejó de intentarlo. Ahora no conoce su fuerza, puesto que no la ha puesto a prueba. Su creencia de que no es posible hace que ya ni lo intente. Por este motivo vive atado a algo que sólo está en su imaginación.

CUANDO NO SE PARTE DE UN «YO ÍNTEGRO»

Es más fácil morir que amar.

LOUIS ARAGON

Cuando no se parte de un *yo* y de un *tú* íntegro... es difícil llegar a constituir una pareja armónica. La persona que no desarrolla su proyecto de vida y no consigue un mínimo de autonomía personal —con todo lo que ello implica— suele padecer una serie de miedos que no sabe cómo manejar y que acabarán perjudicando y deteriorando su relación de pareja: miedo al rechazo, miedo a la soledad y miedo a ser abandonado. Si estos miedos no son bien gestionados, pueden convertirse en celos y adoptar la forma de conductas asfixiantes. En otras ocasiones, estos miedos se convierten en una especie de *lluvia ácida* que acaba arrasando la relación.

Veamos algunos ejemplos:

CONDUCTAS DE CONTROL
—*¿Dónde vas? ¿Con quién vas? ¿Para qué vas? ¿Por qué vas?*
—*¿Por qué no me lo cuentas?*
—*¿Qué me escondes?*
—*¿Qué te ha dicho?*
—*¿Qué vas a hacer?*
—Invasión territorial: buscar en cajones, papeles, bolsillos, correo, indicios que confirmen los motivos de desconfianza en el otro (lo que en el fondo indica una profunda inseguridad en uno mismo).
—Falta de respeto a la intimidad del otro.

QUEJAS
—*¿Qué te dan allí que yo no te dé?*
—*Por ti he dejado de...*
—*Me haces muy infeliz.*
—*Abusas de mi buena fe.*
—*Siempre llegas tarde.*
—*Nunca me regalas nada.*
—*¿Acaso no soy suficiente para ti?*

VICTIMISMO
—*Mi destino es sufrir.*
—*Con todo lo que he hecho por ti hasta ahora.*
—*Mira lo mal que estoy por tu culpa.*

—*Tanto que me he sacrificado por ti.*
—*¡Lo que tengo que aguantar!*

SÚPLICA
—*¡Por favor, no vayas!*
—*¡No me dejes!*
—*Sin ti mi vida no tiene sentido.*
—*¡Quédate conmigo. Haré lo que sea!*

INSULTOS, JUICIOS DE VALOR
—*¡Eres un egoísta!*
—*¡Eres un desastre!*
—*¡Estás loca!*
—*¡Imbécil!*
—*¡Eres tonta!*
—*¡No tienes ni idea!*

POSESIÓN
—*Tú eres mío.*
—*No quiero que lo vuelvas a ver.*
—*¡Tú en casa conmigo!*
—*No te lo permito.*

EXIGENCIA
—*Debes hacerme feliz.*
—*Cuando llegue tienes que estar en casa.*
—*Quiero que todo esté perfecto.*

MENOSPRECIO
—*No sirves para nada.*
—*Sin mí no serías nadie.*
—*Nadie sino yo podría aguantarte.*
—*¡Eres una inútil!*

—*Pensaba que podía contar contigo y ahora me dejas tirado.*

—*Si tú no vienes estoy segura que todo me saldrá mal.*

—*No sé si voy a estar bien si te vas.*

La falta de un yo íntegro impide amarnos bien. El resultado es un conjunto de conductas que van minando los fundamentos de atracción, cariño y deseo iniciales en los que se ha basado la elección de la pareja. Poco a poco se producen contagios y contaminaciones emocionales que amplifican y agravan el conflicto en la pareja.

LA CONTAMINACIÓN EMOCIONAL

Han prohibido las palabras
para que no pongan en peligro
la frágil inmovilidad del aire.

MIQUEL MARTÍ I POL

Nuestros sistemas emocionales son capaces de conectar y transmitirse mutuamente sus colores emocionales. Este fenómeno se denomina *contagio emocional*. Se da tanto para las emociones que se viven positivamente como para aquellas que van unidas a sufrimiento y dolor.

La *contaminación emocional* es el fenómeno por el cual somos capaces de lanzar al exterior, de forma totalmente indiscriminada e irresponsable, nuestras *basuras emocionales*, prescindiendo del impacto que van a tener en el *clima emocional global* del conjunto. Así, contagiamos a los demás y extendemos la negatividad a los que nos rodean.

La *gestión desadaptativa de nuestras emociones* se produce cuando no aplicamos la *Regla de Aristóteles*, es decir, *expresar lo que sentimos a la persona adecuada, en el momento adecuado, con el propósito justo y de la forma correcta.* Porque ¡cuántas veces nos enfadamos con una persona y descargamos la tensión emocional en otra distinta, o bien expresamos lo que sentimos pero sólo para vengarnos y hacer daño! Cuando prescindimos de esta regla, de forma habitual y sin ningún tipo de precaución, nuestras relaciones personales se resienten y, muy especialmente, nuestra relación de pareja.

La abulia, la ansiedad, los celos, el desánimo, el enojo, el mal humor, el rencor y el resentimiento, así como la preocupación, la agresividad, la posesividad y el egoísmo son algunos *afectos y conductas de elevado riesgo de contagio y peligrosamente contaminantes.* Será preciso aprender a manejarlas con prudencia para preservar el clima emocional ecológico de nuestra relación. No es justo abusar de la confianza de nuestra pareja para utilizarla de *vertedero emocional.*

Si lo hacemos así, el deterioro de nuestra relación será progresivo y, a veces, irreversible. Veamos, con más detalle, alguno de ellos:

Abulia

La voluntad se debilita. Falta la energía que nos permite construir un puente de unión entre lo que deseamos, queremos y hacemos; la voluntad brilla por su ausencia. Cuando aparece la abulia nos desactivamos, nos volvemos perezosos y cómodos. Buscamos ante todo la facilidad, lo que no nos exige demasiado esfuerzo, rehuimos las dificultades y adoptamos actitudes pasivas ante los problemas que se presentan.

—*Para qué vamos a complicarnos la vida. ¡Con lo bien que se está en casa!*

—*Prefiero quedarme a ver la tele en nuestro cómodo sofá. Para qué vamos a ir a una exposición, a una conferencia, al teatro, de excursión...*

—*¡Para qué implicarse en una actividad de tipo cultural o social... con lo bien que estamos ahí, quietos, los dos juntos!*

—*¡No vale la pena! Igualmente no lo voy a conseguir. ¡Mejor lo dejo correr!*

La falta de autodisciplina y el hecho de ceder progresivamente a las demandas del otro puede facilitar el contagio de la abulia. Entonces podemos acabar *vegetando* ambos dentro de una burbujita, aislados de lo que pasa en el mundo. Nuestra responsabilidad y nuestra dignidad se van diluyendo al ir cediendo territorio, día a día, y dejar de explorar. Así, podemos acabar recluidos en un cómodo «útero» o en una jaula con barrotes dorados, pero prisión al fin y al cabo.

Ansiedad

Deseo impaciente. Nos preocupamos por todo, pero no nos ocupamos de nada. Nos movemos mucho pero sin ninguna dirección. Nuestra agitación interna es tal que no podemos mantener nuestra atención en el presente, puesto que cargamos con el peso del pasado y con la anticipación negativa de nuestro futuro.

Cuando entramos en la espiral de ansiedad somos impacientes, no escuchamos, sólo filtramos los datos negativos que nos llegan y no nos damos cuenta de todo lo positivo que nos rodea. Dentro de esta espiral de ansiedad sufrimos, perdemos el control de nuestras emociones y podemos llegar a ser irrespetuosos, hipocondríacos o víctimas con nuestra pareja.

> Un cuento oriental describe a un hombre cabalgando con su caballo a marcha desbocada. Cuando alguien le pregunta hacia dónde se dirige, él responde:
> —¡Pregúntale al caballo!

La ansiedad nos informa de que tenemos *problemas de control*. En el fondo nos sentimos inseguros y, para compensarlo, aspiramos a controlar todo lo que está fuera de nosotros. Dado que este objetivo está fuera de nuestro alcance, y de hecho lo sabemos, sufrimos. Intentando controlar todo, perdemos el control de todo.

No es fácil vivir con alguien ansioso. No obstante es posible aprender a canalizar la ansiedad y gestionarla ecológicamente. De no hacerlo así, acabará contaminando nuestro entorno y no será posible el sosiego.

Celos

> Los celos son justamente esto: la loca, insaciable aspiración a ser el único o la única, cuando todos sabemos que esto no es posible.
>
> ROSA MONTERO

«Quien se halla cercado por las llamas de los celos acaba por enderezar contra sí mismo, como el escorpión, el aguijón venenoso», dijo Nietzsche. Celos: una extraña criatura, un animal prehistórico, un aguijón de veneno que se clava en nuestras entrañas... Sospechamos que la persona «amada» puede haber depositado su afecto en otro. Nos sentimos amenazados e inseguros, desconfiamos; sentimos miedo y desasosiego. Nuestro orgullo —con causa o sin ella— se puede sentir malherido. Hay quien siente deseos de venganza.

¿Por qué sentimos celos? Porque creemos que el otro nos pertenece y lo consideramos una posesión más; porque estamos más centrados en tener que en ser. Los celos parten de la inseguridad fruto del desconocimiento de nuestro valor como personas y de la íntima creencia de que no somos suficientemente valiosos para generar amor en el otro.

Los celos se manifiestan bajo la forma de conductas de control: *¿dónde vas?*, *¿con quién?*, *¿para qué?*, *¿por qué?*, *¿por qué no voy contigo?*; o conductas de reproche: *¡llegas muy tarde!*, *¡siempre estoy solo!*, *¡primero los demás y luego yo!*; o conductas de exigencia: *¡o yo o tus amigos!*, *¡no quiero que quedes con otras personas!*, *¡tú tienes que dedicarte a mí y a nadie más!*

Una mujer visitó a Pablo Picasso. Quería un retrato. Cuando Picasso le entregó el cuadro que había pintado, esta se sintió totalmente satisfecha pero le dijo:

—Sólo una cosa. Quiero que me pongas en el cuadro un collar con grandes diamantes, un anillo con grandes diamantes y brazaletes con diamantes.

—¡Pero si no los tienes! —respondió Picasso.

—No importa —fue su respuesta—. Estoy enferma y ya no viviré mucho. Sé que mi marido volverá a casarse enseguida. Sólo está esperando que muera, aunque continuamente dice que no será capaz de vivir sin mí.

—No encuentro la relación entre lo que me dices y los diamantes —fue la respuesta de Picasso.

—Es fácil —dijo ella—. Quiero este retrato para que la nueva mujer de mi marido lo vea, y entonces a la mujer siempre le torturará la respuesta a la pregunta: ¿dónde están los diamantes? No puedo dejarlo tranquilo, aunque esté muerta.

¿Podemos contaminar emocionalmente hasta cuando ya no estamos presentes? Somos responsables de nuestras acciones y de las repercusiones que estas puedan tener en la relación. Los celos la contaminan al ir reduciendo el espacio donde se desarrolla hasta convertirlo en asfixiante. Normalmente los celos mal gestionados acaban provocando lo que más temíamos. Si nuestra pareja es una persona emocionalmente madura, es posible que acabe marchando para buscar un espacio afectivo más libre y descontaminado.

La gestión de los celos pasa por mejorar el conocimiento de nosotros mismos, aprendiendo a detectar y valorar nuestras cualidades; pasa por entender que nadie es propiedad de nadie y que el amor muere si lo aprisionamos, lo coartamos o lo centramos sólo en una persona.

Tenemos el derecho de construir relaciones, en todas las tonalidades del amor, con tantas personas como decidamos amar. La exclusividad en los afectos suele llevar a la pérdida del amor, que es lo que en el fondo tememos.

Es importante entender que nadie es propietario de nadie y que somos libres de pensar, de sentir y de actuar en función de nuestro propio criterio asumiendo, eso sí, la responsabilidad consiguiente. La generosidad y la humildad serán dos valores importantes a integrar como medida preventiva.

Desánimo

Falta de energía emocional disponible. Nos es difícil enfrentar las dificultades y las frustraciones. Tendemos a la pasividad y cedemos el control de la situación. Nos parece que todo se vuelve arduo y pesado y nos cuesta hallar alicientes a nuestro día a día. Los proyectos que más nos ilusionaban pierden luz y color y nos parece que ya no merece la pena invertir esfuerzos en ellos. Tal vez nos digamos que nuestra relación no es la que deseábamos; el otro ya no es tan atractivo. Parece que, de repente, nuestra pareja se haya vuelto gris y nos planteamos si vale la pena continuar.

Este estado emocional se contagia fácilmente: *No vale la pena, total para qué..., dejémoslo correr, para qué voy a esforzarme en explicárselo.* Y si cedemos al desaliento, perdemos el control de nuestras emociones que se tiñen de colores uniformes y sin brillo. Es importante ser conscientes que el desánimo es un contaminante emocional que aspira la energía que encuentra. Será preciso aprender a automotivarnos para hacerle frente. A tal fin, podemos preguntarnos qué motivos de felicidad hay en nuestra vida y en nuestra relación y por qué vale la pena seguir luchando por ella.

Enfado

La mujer de Nasrudin empezó a decir cosas muy feas sobre él. Estaba muy enojada y se comportaba de forma grosera y agresiva, gritando cada vez más. Nasrudin estaba sentado en silencio escuchándola. De repente, la mujer se giró hacia él y le dijo:

—¿Así que otra vez estás discutiendo conmigo?

Nasrudin le respondió:

—¡Pero si yo no he dicho ni una sola palabra!

Su mujer le dijo:

—Ya lo sé. ¡Pero estás escuchando muy agresivamente!

Dentro de la familia de la ira está el enojo. Nos enfadamos por causas parecidas a las que nos provocan mal humor. Las cosas no van como quisiéramos y nos sentimos agredidos, amenazados, rechazados o infravalorados. La ira se genera para que dispongamos de la energía necesaria para apartar el obstáculo que interfiere en el logro de nuestros objetivos. La ira bien canalizada puede ayudarnos, pero mal gestionada puede ser muy destructiva.

En la vida de pareja podemos enfadarnos por cosas importantes o por nimiedades. Veamos algunos ejemplos:

—*Me lleva la contraria.*
—*Me hace quedar mal en público.*
—*Me critica ante los demás.*
—*No me ayuda o comprende.*
—*Me descuida.*
—*Falta a un compromiso que para mí es importante.*
—*Es desconsiderado.*
—*Me ha insultado.*
—*No cumple mis expectativas.*

Podríamos continuar elaborando este catálogo, pero queremos señalar que dejarnos llevar por la ira es poco inteligente. Es importante expresar lo que sentimos pero, antes de hacerlo, debemos *desactivar la tensión negativa* generada por el enfado. Podemos realizar ejercicios de relajación, respiración, una actividad física, meditación, yoga, un paseo... Siempre es necesario hacer una *pausa*, tomarnos un «tiempo fuera» que nos ayude a recuperar el equilibrio emocional necesario para *dialogar de forma asertiva*. La comunicación emocionalmente inteligente consistirá en aprender a expresarnos desde nuestro yo en lugar de criticar al otro. Veamos cómo transformar alguna de las quejas anteriores:

En lugar de *no me comprendes*, podemos decir *no me siento comprendido*; en lugar de me *haces quedar mal en público*, o *me incomoda que...; eres desconsiderado,* podemos decir *necesito, deseo, quiero, para mí es importante, te pido... que tengas en consideración mis sentimientos,* (siempre desde el YO).

Se trata dar una salida correcta a lo que sentimos, mejorando lo que depende de nosotros y permitiendo que el otro asuma su parte de responsabilidad.

Mal humor

Cuando no se cumplen nuestras expectativas, nuestros proyectos no van a la velocidad que deseamos, o encontramos obstáculos que se oponen a su realización, aparece el mal humor. Esta tonalidad anímica se va desprendiendo en capas finas pero continuadas y que van coloreando todo nuestro paisaje interior.

El mal humor es un cóctel emocional que puede tener como ingredientes: una ligera irritación o enojo, frustración, impaciencia, ansiedad, baja tolerancia a las contrariedades, queja y susceptibilidad. Cuando estamos de mal humor tendemos a verlo todo desde el prisma negativo.

Si nos dejamos llevar por él vamos a sufrir las consecuencias. En primer lugar, lo contagiaremos a nuestra pareja y, además, se va a amplificar su intensidad por el fenómeno de contagio emocional. Posiblemente acabaremos ambos irritados y peleados. Cuando el mal humor toma el control de nuestra conducta nos comportamos de forma agresiva y desconsiderada.

El autocontrol emocional es necesario para gestionar esta situación. Para ello es importante tener claro que cada uno debe solucionar sus frustraciones, poner límites al mal humor y aprender a desprenderse de él, sin dañar al otro:

—*Me siento de mal humor. Voy a tomarme un tiempo y una distancia para poner mis emociones en orden.*

Esta es una buena fórmula para iniciar el tránsito hasta la línea base de equilibrio. Aplicar el *tiempo fuera*: técnicas de respiración, meditación o relajación para tranquilizarnos. A continuación, realizar un *escáner emocional* para saber qué emociones forman el cóctel de nuestro mal humor. *Traducir la información emocional*, analizar las causas que lo han generado y valorar el nivel de control que tenemos sobre la situación serán los pasos siguientes. Adquirir el compromiso de *actuar para resolver* aquello que depende de nosotros y ceder el control respecto a lo que no está en nuestras manos finalizará el proceso. Una vez recuperado el equilibrio, sería bueno hacernos la pregunta: *¿Por qué soy feliz de reunirme con mi pareja?* Después de responderla, ya podemos volver junto a nuestra pareja sin peligro de contaminarla, siendo capaces de disfrutar de la mutua compañía.

Rencor

Resulta de una incorrecta gestión de la *ira*. Cuando se reprime el enojo, en lugar de gestionarlo adaptativamente, la ira se transforma en rabia —una forma de ira reprimida—. La *rabia* que no se canaliza envejece en nuestro interior y se deteriora hasta producir un sentimiento agrio: el *rencor*. Quien siente rencor suele mostrarse pasivo ante los problemas y no manifiesta honestamente lo que piensa, siente, necesita o desea. Su pareja suele ignorar este proceso interno pero debe lidiar con conductas inesperadas o agresivas que no sabe por qué se producen.

Ante el rencor solemos sentirnos desorientados. Este sentimiento no tiene que ver con la situación presente sino con la acumulación de ofensas, reales o imaginarias, a las que no hemos dado curso. Aparte de ser un gran contaminante emocional, el rencor es peligroso por su toxicidad puesto que puede desembocar en resentimiento o, incluso, en odio. Si este proceso emocional continúa su curso, puede ser difícil de revertir. Donde vive el rencor no puede vivir el amor.

Resentimiento

Es uno de los últimos eslabones que llevan al odio y, con él, al deseo de destrucción del otro, bien sea a nivel físico o psicológico. El resentimiento puede adoptar la forma de maltrato, desprecio y expresarse en forma de mensajes de incapacitación o de locura: *no sirves para nada, no sé porqué estoy contigo, eres un inútil, todo lo haces mal, nunca haces lo que debes hacer, nunca te lo voy a perdonar, estás loco, tú no estás bien.*

Estos mensajes, al ser tan generales e inconcretos, son difíciles de gestionar. Quien los recibe sufre mucho y no tiene elementos para iniciar cambios puesto que el otro no da pistas. Consciente o inconscientemente se va minando la autoestima del que los recibe. Es una forma destructiva de deshacerse de la tensión y los conflictos internos. El amor muere cuando hay resentimiento. La relación está enferma y es difícil de sanar. Es importante gestionar nuestras emociones para no llegar a este nivel de toxicidad emocional.

ROJO SOBRE FONDO GRIS

Ninguno de los dos era sincero, pero lo fingíamos y ambos aceptábamos, de antemano, la situación. Pero las más de las veces, callábamos (...) Yo buscaba en mi cabeza temas de conversación que pudieran interesarle pero me sucedía lo mismo que ante el lienzo en blanco: no

*se me ocurría nada. A mayor empeño, mayor ofusca-
ción.*[51]

Las máscaras emocionales son un intento de protegernos. Nos
colocamos máscaras de fortaleza, de superioridad, de dominio
de la situación y de dureza, en un intento de mostrarnos cómo
no somos en realidad y con el fin de no dejar entrever nuestra
vulnerabilidad. Pensamos que quizá no somos lo bastante valiosos, interesantes, inteligentes o atractivos si nos mostramos sin
ellas. Quizá no confiamos ni en nosotros mismos ni en nuestra
pareja.

La falta de sinceridad, al esconder lo que en realidad pensamos (para que el otro nos apruebe o para no discutir), lo
que sentimos (para no tener que enfrentar los conflictos que se
deriven de la disidencia o que no se utilice en contra nuestra) o
lo que realmente queremos (para evitar la crítica y el juicio del
otro), nos deja sin ningún tema que compartir. Entonces sólo
hablamos de banalidades, de tópicos o de los demás; o bien
soportamos un silencio pesado y lleno de soledad. Las máscaras
emocionales pueden hacer que *vivamos con alguien irreal que
sufre por vivir con alguien irreal que también sufre.* Veamos esta
historia narrada por Alejandro Jodorowsky:

> Érase una vez una mujer que vivía disfrazada de mujer
> y un hombre que vivía disfrazado de hombre. Cuando
> se encontraron creyeron esta comedia y formaron pare-
> ja. El hombre falso y la mujer falsa, haciendo esfuerzos
> tremendos, alcanzaron una modorra que llamaron felici-
> dad. El hombre y la mujer verdaderos nunca llegaron a
> conocerse.

---

51. Miguel Delibes. *Señora de rojo sobre fondo gris.* Ediciones
Destino, 2003.

AGUJEROS EN LA CAPA DE OZONO AFECTIVA

Si algo no te agrada, cámbialo y si no está en tus manos hacerlo, cambia tu forma de verlo.

En nuestro espacio psicoecoafectivo hay *agujeros* o zonas desprotegidas. No somos capaces de filtrar los comentarios del otro, nos sentimos juzgados, criticados y, al mismo tiempo, también criticamos y juzgamos. Fallan los recursos que nos permiten convivir sin necesidad de estar constantemente en guardia y a la defensiva. Estamos especialmente susceptibles, todo nos duele y todo nos hiere. La capa de autoestima que nos protege falla. Quizá hayamos emitido demasiados contaminantes emocionales que nos han dañado a nosotros mismos y a nuestra pareja.

El hecho es que la queja constante no deja resquicio a la acción resolutiva de los problemas, y puede acabar perforando nuestra *capa de ozono* afectiva. Entonces, las *radiaciones* —críticas— nos llegan demasiado potentes. También puede ser que nuestra autocrítica sea ya de por sí tan negativa e intensa que no seamos capaces de aceptar ninguna más del exterior. A pesar de todo, en una relación de pareja es necesario poder expresar los puntos de mejora que detectamos a fin de trabajar en la dirección de un crecimiento individual y conjunto. Si uno se cierra a las críticas positivas para no sufrir, posiblemente la relación se irá desajustando.

La autoestima mejora a medida que mejoramos realizando acciones concretas y nunca solamente por los halagos o refuerzos positivos que nos den. Por lo tanto, será preciso abrirse al otro y considerar su crítica aunque nos duela.

> *Estudiada en su conjunto —y tomando en consideración los destrozos que dejaba a su paso, crisis de nervios, carreras destrozadas, intentonas de suicidio, matrimonios rotos (y escandalosos divorcios)—, la facultad de Incola para leer el futuro le había enseñado un par de cosas muy claras: que nadie la amaría nunca lo suficiente, y que quienes la amaran no serían suficientemente dignos de ser amados.*

Martin Amis[52]

Cuando alguien ha sufrido desamor y *padecido* relaciones de pareja destructivas, puede fabricar diversos *mecanismos de defensa* para protegerse del dolor. A veces construye armaduras emocionales para que no le llegue lo malo y no ser herido; fuertes armaduras donde todo rebote sin penetrar, en ningún caso, en el corazón. En ocasiones, además de la armadura, uno se recluye en un castillo, excava un foso alrededor y lo llena de agua y pirañas. Así y sólo así se siente a salvo. El dolor no podrá llegar, pero el amor tampoco.

La estrategia de la tala indiscriminada de afectos se asemeja a la del propietario de un frondoso bosque que, debido a que unos árboles se le quemaron, decidió cortarlos todos. Así nunca más tendría un incendio... pero tampoco vegetación, ni animales, ni cantos de los pájaros, ni sombra donde protegerse: todo arrasado, sólo un desierto. De igual forma, hay quien muere en vida negándose la oportunidad de volver a amar y aislándose emocionalmente de las personas que tiene alrededor. La frialdad emocional de esta persona, la actitud de constante distancia y

---

52. *Campos de Londres.*

superioridad, la falta de calidez y el orgullo son parte de un terreno desértico en el que ninguna relación podrá crecer.

La *tala indiscriminada de afectos* ocurre cuando nos hemos sentido heridos emocionalmente y pensamos que nos han querido herir adrede. Hemos sufrido mucho. Quizás alguien próximo nos ha decepcionado, fallado, no ha cubierto nuestras expectativas, o se ha ido cuando nosotros deseábamos que se quedase. Entonces generalizamos injustamente: *todos los hombres... todas las mujeres... nunca más...* Se elige talar todo afecto cuando nace... por si acaso. Se prefiere la seguridad de vivir sin sentir, al riesgo de amar y volver a confiar en otro.

LA RUTINA MATA EL AMOR

Demasiado a menudo la rutina rodea las zonas oscuras de la convivencia sin levantar sospechas, sin despertar los mecanismos de defensa hasta que ya es demasiado tarde.

EDUARD MÁRQUEZ

EXPERIMENTO CON RANAS

Se coloca una rana dentro de una pecera con agua a 25 °C. Se va calentando el agua de la pecera progresivamente hasta que está tan caliente que la rana muere cocida. Durante el proceso, la rana no reacciona, puesto que el aumento de calor es tan lento que la rana se va adaptando sin notarlo.

NUEVO EXPERIMENTO

Cogemos una pecera con agua muy caliente. Echamos una rana en ella. La rana salta rápidamente afuera. La diferencia ha sido que, en el primer caso, los mecanismos de defensa de la rana han quedado amortiguados al *haberse acostumbrado* lentamente al medio perjudicial. En el segundo caso, debido al fuerte contraste, la rana se ha dado cuenta rápidamente del peligro y ha salvado su vida saltando de la pecera.

En la relación de pareja, la *rutina* actúa de forma similar al primer caso. Va penetrando lentamente y pasa desapercibida hasta que ya es demasiado tarde. La saturación de *lo sabido*, la falta de sorpresa y la sensación de estar preso y de *tener que hacer lo que toca* es una rueda que da vueltas sobre el mismo paisaje, una y otra vez: gestos sabidos, palabras conocidas, anécdotas repetidas y oídas una y mil veces... Todo lo que está muerto se deja arrastrar por la corriente, pero lo que está vivo lucha contra ella. Es peligroso dejarnos llevar por la corriente de la rutina. La comodidad y la seguridad no nos van a aportar el espacio necesario para correr riesgos, cometer errores y aprender de ellos.

La rutina es un veneno de efecto lento. Nuestra vida se llena de una seguridad aparente pero vacía de felicidad. La automotivación, esta energía interior necesaria para vivir de forma emocionalmente inteligente, se va apagando sin que seamos conscientes de ello. Podemos acabar haciendo cosas sin ningún sentido o viviendo sin sentir.

Dos personas que conviven deben tener muy presente que es esencial preservar un espacio de creatividad, sorpresa y misterio en su relación. De no hacerlo así, se acabarán aburriendo la una a la otra ya que no tendrán nada nuevo para compartir. La rutina acaba matando la relación. Progresivamente se empieza a valorar más el *tener* que el *ser*, en un intento de llenar el vacío afectivo con posesiones materiales.

Es importante renovarnos para mantenernos vigentes. La rutina, la seguridad, la facilidad y la comodidad nos pueden resultar muy confortables y atractivas, al reducir nuestro consumo de energía, pero también disminuyen nuestras posibilidades de crecer al evitar que nos enfrentemos a situaciones nuevas. Y es precisamente en estos momentos cuando ponemos a prueba nuestra capacidad de buscar soluciones, nuestra tolerancia a las frustraciones, esfuerzo, voluntad y creatividad.

La rutina también puede dañar otro aspecto de la vida en pareja porque, si bien sabemos que la familiaridad puede aumentar el cariño y el respeto, difícilmente puede aumentar nuestro deseo por el otro. La sensación de continuidad nos tranquiliza, pero también nos hace más asexuados. Las novedades, en cambio, nos estimulan y excitan, aunque puedan llegar a trastornarnos. Se trata de encontrar un camino equilibrado entre la necesaria conservación de energía y la exploración de lo nuevo que nos estimula. La realidad es que siempre nos movemos en un frágil equilibrio entre riesgo y resignación.

Para crecer en pareja será preciso abandonar nuestra *franja de comodidad* y estar dispuestos a penetrar en la *zona de incertidumbre y riesgo*. El miedo puede llevarnos a buscar refugio en *relaciones de pareja tibias*. El deseo de control puede llevarnos a elegir una *pareja previsible*, de bajo nivel de riesgo. La relación se moverá entonces en un territorio donde ni el misterio ni la sorpresa tendrán cabida. El miedo a la libertad, y a la responsabilidad que se deriva de ella, puede hacernos preferir mantener una relación en la que nos sintamos protegidos —y que no deja de ser una forma de regreso a la seguridad del útero materno— en lugar de otra más arriesgada que nos rete a explorar y nos exponga al cambio.

La vida siempre acaba pasando factura. Elegir la rutina es elegir no ser, no vivir y escoger un bienestar anestesiado donde seguramente no tendrán cabida grandes dolores, pero tampoco grandes amores, ni grandes pasiones, ni gran felicidad.

Como dice Manuel Vicent: «La muerte del amor es la costumbre, el tedio, la falta de imaginación. También hay que bajar con el amor al pozo del sexo, pero el sexo es sólo un calambre si no se le dota de misterio.»

LA CONFUSIÓN DEL AMOR

El amor inmaduro dice: «Te amo porque te necesito».
El amor maduro dice: «Te necesito porque te amo».

ERICH FROMM

Hay parejas que llevan años peleándose, separándose y volviéndose a reconciliar. Sus discusiones son constantes, se pierden fácilmente el respeto y amenazan con separarse definitivamente, pero nunca lo llevan a cabo. Por el contrario, algunas parejas que aparentemente funcionan bien pueden separarse de hoy para mañana.

Dos personas que se han perdido el respeto suelen expresarse mediante conductas dañinas de violencia, psicológica y física. El sufrimiento acaba siendo lo único que les une. La infelicidad es la tonalidad emocional habitual. ¿Por qué siguen juntas dos personas que no se aman ni son capaces de respetarse? ¿Por qué conviven si ni tan sólo se gustan y sólo les une la violencia y la soledad?

La realidad es que padecen una gran confusión. No entienden que no es amor lo que sienten. Confunden amor con dependencia y necesidad. Dos desesperados que unen desesperos pueden ser muy destructivos el uno con el otro.

—*Es que, no obstante, lo amo* —pueden llegar a afirmar.

Pero ¿acaso se puede amar a alguien que te maltrata, te anula, abusa de ti, no te tiene en cuenta y te utiliza? Maltratamos el concepto amor. Hemos desvirtuado esta palabra hasta tal punto que confundimos amor con sucedáneos emocionales que nada tienen que ver con él. *Amor no es dependencia, amor no es compañía, amor no es necesidad, amor no es enamoramiento, amor no es deseo, amor no es comodidad ni seguridad y amor no es posesión.* Y al confundir el concepto se equivocan las expectativas sobre lo que puede ser una convivencia amorosa. Estas creencias distorsionadas causan mucho daño. Sólo cambiándolas será posible prevenir o eliminar las conductas destructivas.

LA SOLEDAD EN COMPAÑÍA: UN ESPACIO EN LA FRONTERA DE LA RESIGNACIÓN

> *Poned atención:*
> *Un corazón solitario no es un corazón.*

Antonio Machado[53]

Aunque muchas personas viven en pareja y comparten espacios, en aparente proximidad, a menudo sienten que no tienen a nadie con quien compartir lo que realmente les importa. Hablamos de la *soledad-desconexión*, esta soledad producto del alejamiento de nosotros mismos y, como consecuencia, del distanciamiento de las personas que nos rodean.

La conciencia de su vulnerabilidad les hace sentir miedo a mostrar sus debilidades y les mueve a colocarse una máscara de fortaleza o de distancia para protegerse. Quizá por este motivo, expresan a su pareja tan sólo una parte de lo que sienten y le esconden su realidad más profunda. Tal vez se muestran seguros o fuertes —como no son— en un intento de ser más amados. Pero el otro actúa en consecuencia: *es fuerte, no me necesita.*

---

53. *Poesías completas*, canción LXVI.

Es autosuficiente. No puede dar, aunque quisiera, lo que no le ha sido pedido o no ha sabido captar.

La soledad puede ser también el precio de elegir una *pareja egoísta* o narcisista que sólo vive para sí misma y no es sensible a los demás. Su falta de empatía le incapacitará para dar una respuesta adecuada a las demandas que se le hacen. Alguien egoísta es una persona rendida a sí misma y a su mundo, y perdido para todo lo que no sea ella.

En ocasiones podemos sentirnos solos porque el nivel de *calidad de la comunicación* que se ha establecido es bajo. Debido a la incompetencia emocional y comunicativa, hay personas que evitan compartir sentimientos, no tanto porque no quieran, sino porque no han aprendido a expresarlos y se sienten incómodos haciéndolo. El precio de todas estas situaciones suele ser la soledad en compañía.

El sentido de la pareja no es salvarnos sino encontrarnos, pero el encuentro no es fácil y el alejamiento y la desconexión emocional nos hace sufrir. Nada hay peor que el vacío de la soledad cuando estamos con alguien que hemos elegido amar, que tenemos físicamente cerca y tan lejano emocionalmente. ¿Por qué nos exponemos libremente a esta tortura? ¿Qué extraño mecanismo nos mantiene atados a un entorno relacional frío e insensible?

Las personas suelen querer cambiar de dependencia pero raramente desean independizarse,[54] porque el precio de la independencia es lidiar con la propia soledad, con la compañía de uno mismo y el encuentro con ese ser interior, a veces tan olvidado. Y esta posibilidad nos da tanto miedo que frenamos nuestro impulso a buscar relaciones de mayor calidad prefiriendo quedarnos con la *compañía* y nada más. Pero no hay peor soledad que ésta. La sabiduría popular tiene un buen refrán que

---

54. Erich Fromm.

hacemos nuestro: mejor solos que mal acompañados, o que *sólo* acompañados. La compañía no debe ser el único motivo para formar pareja. Una mascota también nos puede acompañar.

LA TRAGEDIA DE AFERRARSE

> *Te amaré mientras estés a mi lado y seas mío.*
> *Si te vas, seguro que te odiaré.*

No es lo mismo vincularse que aferrarse. Los vínculos de amor son poderosos porque liberan y no atan. Para vincularnos positivamente es preciso partir de un *yo íntegro* que nos dará seguridad y confianza. Sólo así evitaremos utilizar al otro como remedio a nuestra inseguridad, como tapón de nuestros agujeros emocionales, o como medio para llenar una vida vacía y sin sentido. «La adicción es cualquier cosa que reduce la vida mientras la hace parecer mejor».[55]

«Aprendí que el silencio puede ser ensordecedor y la ausencia invasora», así se expresa uno de los personajes de Rosa Montero en *La hija del caníbal*. El miedo a estar solos nos lleva a la tragedia de aferrarnos al otro al precio que sea. Y cuanto más inseguros nos sintamos más nos agarraremos buscando estabilidad. Pero al hacerlo muere el deseo y la parte lúdica de nuestra relación de pareja, quedando sólo un gran peso que progresivamente la va aplastando y asfixiando.

No puedo estar sin ti... (porque tú respiras por mí, piensas por mí, haces por mí). No se puede vivir sin el otro cuando se ha creado una simbiosis que hace imposible la vida individual. Al decirle esto a nuestra pareja, le tendemos una trampa y le hacemos chantaje emocional, le damos la responsabilidad de

---

55. Clarissa Pinkola Estés.

nuestra vida y la llave de nuestra felicidad. Ahora bien, tan responsable es el que se aferra como el que lo permite. Ni una pareja, ni un hijo ni un amigo deben ser medios para salvarnos del riesgo de vivir.

El camino emocionalmente ecológico parte de este planteamiento: *Puedo vivir sin ti. También estando solo me siento pleno. Mi vida tiene sentido. No obstante, elijo compartir mi vida contigo porque te respeto y te amo, porque contigo mejoro como persona, porque me retas y me amas.*

LA RUPTURA UNILATERAL DE CONTRATO

Lo que no se expresa, se olvida
y aquello que se olvida, puede volver a pasar.

EUGUENI EVTUCHENKO

En toda relación existe una especie de contrato que, aunque nunca se haya escrito, se va redactando y consensuando a medida que compartimos vida. En este contrato figura el derecho a la intimidad, las normas de acceso y uso del espacio compartido, la mayor apertura o cierre de la relación a los demás, la exclusividad o no de la misma, las tareas de mantenimiento de la relación y el tiempo a invertir en ella —entre otras muchas de sus cláusulas—. A veces, uno no toma conciencia de la dimensión, exigencia y calidad de su relación, hasta que escribe y plasma en palabras el contrato que ha firmado implícitamente. Lo que el otro espera de nosotros, lo que nos pide, lo que nos impone, lo que exige y lo que nosotros esperamos, deseamos, exigimos a nuestra pareja.

Es posible que en determinado momento uno sienta que la relación se le ha quedado pequeña o que las condiciones del contrato son injustas o desfavorables, y decida romperlo o cambiarlo unilateralmente. Y puede ser que a la pareja el contrato le siga pareciendo bien, e incluso que crea que es estupendo, por lo cual no va a entender, de forma alguna, esta decisión.

Aquí ha habido un grave problema de comunicación. Cuando uno de los miembros de la pareja tiende a la pasividad —por miedo al conflicto o por comodidad— el otro puede ir proponiendo cláusulas relacionales que sólo a él favorecen y que son aceptadas sin protestas claras. También es posible que uno intente comunicarse y que el otro no esté receptivo a los mensajes de disconformidad que recibe, con lo cual no hace nada para cambiar las condiciones desadaptativas. No obstante, siempre hay un momento de clarividencia en el que se es consciente de que es preciso reajustar la relación. Iniciar esta vía es una magnífica oportunidad para crecer juntos. De no hacerlo, la ruptura será inevitable y ambos sufrirán.

La gestión emocionalmente ecológica de la relación supone la capacidad de ajustar las cláusulas relacionales de forma que no perjudiquen a un miembro de la pareja y muevan a la mejora de los dos.

LOS DESTROZOS

Sólo puede haber acción correcta cuando hay pensar correcto; y no hay pensar correcto cuando no hay conocimiento de uno mismo. Si no os conocéis a vosotros mismos, no habrá paz.

KRISHNAMURTI

Analicemos este fragmento de una conocida obra.[56] Nos muestra un ejemplo de discusión de pareja en la que ambos adoptan conductas muy agresivas y destructivas:

JORGE: Esta oportunidad se presenta una vez por mes, Marta. Estoy acostumbrado. Una vez por mes aparece Marta, la incomprendida, la niña dulce, la niña pequeña que vuelve a florecer bajo una caricia y yo lo he creído más veces de las que quiero acordarme, porque no quiero pensar que soy un imbécil. Pero ahora no te creo... simplemente no te creo. Ahora ya no hay ninguna posibilidad de que podamos tener un minuto de felicidad... los dos juntos.

MARTA *(agresiva)*: Quizá tengas razón, querido. Entre tú y yo ya no hay posibilidad de nada... ¡porque tú no eres nada! ¡ZAS! ¡Saltó el resorte esta noche en la fiesta de papá! *(con intenso desprecio, pero también con amargura)*. Yo estaba allí sentada... mirándote... luego miraba a los hombres que te rodeaban... más jóvenes... hombres que llegarán a ser algo. Te miraba y de pronto descubrí que tú ya no existías. ¡En este momento se rompió el resorte! ¡Finalmente se rompió! Y ahora lo voy a gritar a los cuatro vientos, lo voy a aullar y no me importa lo que hagas. Y yo voy a provocar un escándalo como jamás has visto.

JORGE *(muy calmado)*: Ese juego me apasiona. Comienza y verás cómo te mato el punto.

MARTA *(esperanzada)*: ¿Es un desafío, Jorge?

JORGE: Ten cuidado, Marta... te voy a hacer trizas.

MARTA: No eres bastante hombre para eso... te faltan agallas.

---

56. *Quién teme a Virginia Woolf*, de Edward Albee.

JORGE: ¿Guerra a muerte?
MARTA: A muerte.

Llegados a este punto, el amor muerto y el odio activado... la destrucción se pone en marcha. Llegar a esta situación supone que han fallado todos los mecanismos de gestión emocional ecológica.

La falta de confianza y de respeto, el desprecio, la desesperanza sobre la posibilidad de un futuro común y los juicios de valor negativos *(tú no eres nada, tú no existías, te faltan agallas)* o amenazas (como *voy a provocar un escándalo como jamás has visto, te mato el punto, te voy a hacer trizas, guerra a muerte)* son signos de total caos en la pareja.

Esto no es amor, en ningún caso, sino una relación totalmente destructiva. Continuar juntos supone la pérdida de dignidad y la degradación de ambos. El clima emocional, contaminado y tóxico, que se genera va a causar nuevos destrozos y mucho sufrimiento a todas las personas que forman parte de este entorno relacional. La única opción adaptativa, en este caso, es la inmediata separación.

DE LA GESTIÓN EMOCIONAL
DESADAPTATIVA...

La *contaminación emocional* es el fenómeno por el cual somos capaces de lanzar al exterior, de forma totalmente indiscriminada e irresponsable, nuestras *basuras emocionales*, prescindiendo del impacto que van a tener en el *clima emocional global* del conjunto.

Las máscaras emocionales pueden hacer que *vivamos con alguien irreal que sufre por vivir con alguien irreal que también sufre.*

La estrategia de la *tala indiscriminada de afectos* se asemeja a la del propietario de un frondoso bosque que, debido a que unos árboles se le quemaron, decidió cortarlos todos.

Elegir la rutina es elegir no ser, no vivir y escoger un bienestar anestesiado donde seguramente no tendrán cabida grandes dolores, pero tampoco grandes amores, ni grandes pasiones, ni gran felicidad.

La gestión emocionalmente ecológica de la relación de pareja supone la capacidad de ajustar las cláusulas relacionales de forma que no perjudiquen a un miembro de la pareja y muevan a la mejora de los dos.

...A LA GESTIÓN EMOCIONAL ECOLÓGICA

Fácilmente podemos perdonar a un niño temeroso de la oscuridad; la gran tragedia de la vida es cuando los hombres tienen miedo de la luz.

PLATÓN

EL AMOR, UNA ESPECIE EMOCIONAL PROTEGIDA

El amor es el único acto racional.

LEVINE

Convertir el amor en especie emocional protegida es el objetivo imprescindible para conseguir bienestar afectivo y una vida de pareja plena. El amor es un afecto extremadamente delicado que necesita disponer de un entorno equilibrado y nutricio. Es la fuerza más creativa, el sentimiento más difícil de construir y la mejor vía para conseguir armonía y felicidad. El amor maduro sólo es posible partiendo de dos personas capaces de mantener un buen nivel de bienestar psicoecoafectivo basado en la coherencia de su eje *mente-emoción-acción* y que han elegido crear en lugar de destruir.

Para proteger el amor del desequilibrio y del deterioro podemos plantearnos unas preguntas que nos permitirán hacer un balance de situación:

- ¿Es posible que una de mis áreas del eje (pensamiento-emoción-acción) esté desequilibrada o bien olvidada?
- ¿Pienso mucho, pero actúo poco? ¿Siento mucho pero no lo expreso?
- ¿Pienso una cosa, siento otra y acabo haciendo algo que sólo intenta ser una solución de compromiso que no contenta a nadie?

A partir de las respuestas que demos a estos interrogantes podemos detectar puntos de mejora que nos van a permitir actuar para mantener el amor en la mejor de las condiciones posibles.

En el ecosistema del amor florecen otros afectos, valores y actitudes que lo nutren, potencian y amplían. El cultivo de cada uno de ellos favorece el crecimiento del amor. La ternura, el respeto, la amistad, la sensibilidad, el compromiso, la responsabilidad, la gratitud y la generosidad se mueven en la órbita del amor y lo hacen posible.

Dejar al amor fuera de nuestra vida sería un acto muy poco inteligente. El amor interpersonal es un proceso vivo y en ebullición permanente en el que definimos a cada instante nuestro lugar en el mundo.

Conscientes de que el amor de pareja se nutre de lo que cada uno aporta en la relación, podemos afirmar que si somos irresponsables nuestra relación será irresponsable; si somos deshonestos, la mentira formará parte del tejido de la relación; y si somos inseguros nuestro vínculo afectivo será ansioso y desconfiado. En cambio, si somos responsables, honestos y seguros nuestra relación se tejerá con estos elementos fundamentales. En este capítulo vamos a dar algunas pistas para aumentar nuestras posibilidades de construir una pareja emocionalmente ecológica. Todo cambio pasa por la acción congruente. El amor sólo se actualiza en la acción de amar.

LAS TRES LEYES BÁSICAS DE LA ECOLOGÍA EMOCIONAL

> *Soy de la opinión de que si usted quiere gozar del arco iris tendrá que soportar la lluvia.*
>
> DOLLY PARTON

Hay unos principios que rigen la naturaleza y que son aplicables al mundo emocional. Se basan en la importancia de la diversidad y la riqueza de las diferencias y en el hecho de que somos sistemas abiertos que compartimos el mundo con los demás seres vivos. De ello se deduce que todo lo que hacemos tiene un impacto en otras vidas, influyéndolas positivamente o dificultando su desarrollo. Es importante tomar conciencia de la responsabilidad que tenemos sobre los recursos disponibles —que son los que son y tienen unos límites— y que estos deben ser bien gestionados. En toda relación podemos aplicar estos principios. Si somos conscientes de ellos podemos actuar de forma emocionalmente más inteligente y conseguir relaciones de mayor calidad.

Ley de la diversidad y riqueza de los afectos

Sabemos que un bosque, con una gran variedad de especies que coexisten, será más rico y tendrá mayores posibilidades de mantenerse en equilibrio que el formado por una especie única de árboles. De igual manera, es importante aprender a *diversificar nuestros afectos ampliando cada vez más el círculo de nuestras relaciones*: compañeros, amigos, pareja y familiares, cultivando relaciones variadas y de distinto nivel de profundidad. Quien sólo ama a una persona, no ama bien a ninguna. *La exclusividad en el afecto es una inversión de elevado riesgo*: si pierdes el objeto de afecto, pierdes la vida. Al mismo tiempo, también supone una losa que puede pesar tanto a quien es amado así que decida liberarse de un «amor tan asfixiante».

Ley de la interdependencia afectiva

Todas las formas de vida dependen entre sí. Influimos en nuestro entorno incluso aunque no queramos, puesto que *somos sistemas de energía abiertos y en constante intercambio*. Cuando nos relacionamos se producen fenómenos interesantes: el contagio emocional, la contaminación emocional, la lluvia ácida, o el efecto boomerang *(recibimos lo que emitimos)* son algunos de ellos.

Influimos en nuestra pareja y esta a su vez influye en nosotros. Las emociones van y vienen, llenan nuestro espacio vital, las respiramos, las palpamos, las sentimos y las vivimos. Y estas emociones generan una energía que nos mueve a la acción. En función de la tonalidad emocional que predomine: alegría, optimismo, serenidad, amistad, amor, gratitud...; o ira, rencor, ansiedad, tristeza, resentimiento, desánimo... nos vamos a contagiar en uno u otro sentido. No es lo mismo actuar movidos por una energía limpia, renovable y ecológica —como podría ser la alegría o la curiosidad— que por obligación o deseos de venganza. Los resultados y el impacto en nuestra vida serán muy distintos.

Si queremos que nuestro medio ambiente afectivo esté limpio de contaminación, y sea un entorno energético y creativo, es importante sembrar los afectos adecuados. Al mismo tiempo, debemos ser conscientes de que nuestra pareja, con su personal estilo afectivo, va a influir en la mejor o peor calidad de nuestro medio ambiente emocional.

Ley de la gestión ecológica de los recursos afectivos

Los recursos disponibles son limitados y por este motivo debemos gestionarlos adecuadamente. Nuestra energía emocional debe invertirse de forma inteligente puesto que, en caso de que nuestro objetivo no lo sea, vamos a desperdiciar un gran caudal afectivo. Por ejemplo, alguien puede invertir mucho tiempo en intentar cambiar a su pareja sin ser consciente de que este objetivo no está a su alcance y que será un proyecto condenado al fracaso. Si no nos gusta algo del otro tenemos tres soluciones: *manifestarle lo que sentimos* y dejar en sus manos si lo cambia o no; *cambiar nuestra manera de verlo,* o *cambiar de pareja.* En todo caso, nadie cambia porque otra persona se lo pida, sólo lo hace si es fruto de una decisión personal, lo que le permitirá activar su voluntad para mejorar.

La gestión ecológica de los recursos afectivos supone también aprender a *decir no* a aquello que nos destruye, disminuye o repliega y a *decir adiós* a nuestra relación si el amor y el respeto desaparecen y no se pueden o no se quieren recuperar. Este principio está muy ligado a la séptima propuesta de la gestión ecológica de las relaciones: si nuestra relación es ficticia, insana o no nos permite crecer como personas debemos *hacer limpieza* y finalizarla.

SIETE PRINCIPIOS PARA LA GESTIÓN ECOLÓGICA
DE LAS RELACIONES DE PAREJA

> *Vivimos nuestra vida ante los demás; todos crecemos con testimonios. Se trata de una gesta solitaria que se realiza en público.*

> ROSA MONTERO

Estos siete principios aplicados a la convivencia de pareja nos permitirán crear las mejores condiciones para amar y poder ser amados.

Principio de la autonomía personal: «ayúdate a ti mismo y tu pareja te ayudará»

Este es el punto de partida fundamental para poder mantener una buena relación de pareja. Cada uno debe ser él mismo y trabajar para conocerse y ser autónomo. Cada uno debe luchar y poner los medios para convertir en realidad su proyecto vital y los sueños que contiene.

Sólo si aprendemos a cuidarnos y asumimos la responsabilidad de desplegarnos como seres humanos podremos llegar a cuidar y a favorecer el desarrollo positivo de otras personas. Cuando uno no se ayuda a sí mismo suele esperar que la pareja le salve, que le facilite todo, le evite los problemas, le solucione los conflictos, esté pendiente de sus necesidades y deseos, y le procure la felicidad que ansía. Esta demanda excesiva e injusta acaba cansando incluso a la persona más generosa y puede llegar a destruir la relación. Para ser ayudado, uno debe empezar por ayudarse a sí mismo haciendo lo que debe hacer. Entonces, hallará personas dispuestas a darle apoyo en lo que necesite. En caso contrario, sólo conseguirá que la gente huya de su lado, porque vivir con una persona tan dependiente acaba cansando, a no ser que uno también sea un *necesitado*.

Las personas con mayor poder de seducción son aquellas que tienen la capacidad de luchar para ser ellas mismas y actuar de forma coherente y proactiva.

Principio de prevención de dependencias: «no hagas por tu pareja aquello que ella es capaz de hacer por sí misma»

Por lo menos, no lo hagáis habitualmente. Significa no hacer de *mamá* o de *papá* con él o ella. No sobreprotegerla ni mimarla a todas horas, ya que no se trata de una criatura sino de un adulto. Se trata de dejarle que asuma sus responsabilidades de autocuidado y también las tareas compartidas. Significa no dejarla al margen de las decisiones cotidianas difíciles o de las situaciones duras, ni tampoco anticiparse a darle una ayuda que no ha pedido. Supone animarla a resolver los problemas por sí misma y darle la confianza de que lo va a conseguir. Un: ¡*Déjame a mí!* suele cerrar un camino. Un: ¡*Venga, seguro que puedes con ello!* ¡*Estoy convencida que lo harás bien si te lo propones!* puede abrir un camino de superación.

Se trata también de no pensar, hablar o hacer en su lugar. Hay ocasiones en que, incluso, somos capaces de responder por ella sobre algo que le concierne y sin haberle preguntado. Y esto es una falta de respeto a su persona y hacia sus capacidades. También es importante no decirle lo que tiene que hacer. Se trata de vivir con ella, incluso en nuestra diferencia. Nuestro mayor fracaso será conseguir que nuestra pareja se convierta en un calco de nosotros mismos o en una persona incapaz.

Quien intenta salvar y proteger constantemente a su pareja, puede llegar a sentirse víctima de la situación que él mismo ha creado y cansarse de su rol. Pero habrá sido corresponsable de que ésta haya entrado en una vía de comodidad y egoísmo que la ha replegado, en lugar de facilitar su crecimiento. La relación de ambos queda empobrecida.

Principio del boomerang: «todo lo que haces a tu pareja también te lo haces a ti mismo»

Todo lo positivo que sembramos a nuestro alrededor nos es devuelto con creces. Si en nuestra relación de pareja sembramos alegría, reconocimiento positivo, agradecimiento, cuidado, ternura, acogida, empatía, comunicación, generosidad y amor... estos sentimientos, valores y acciones se enraízan creando un entorno emocional protegido en el que crecen y dan fruto. Pero si lo que sembramos es egoísmo, malhumor, enfado, frialdad, crítica, queja, resentimiento, pesimismo, desánimo, desconfianza, celos... el microclima emocional de la pareja será contaminado por estas emociones que retornarán en forma de lluvia o tempestad que todo lo arrasa. La sabiduría popular ya lo ha dicho siempre: *Quien siembra vientos, recoge tempestades.* Las personas egoístas acaban solas. Si no nos gusta lo que recibimos en nuestra relación de pareja, tenemos que prestar mucha atención a lo que emitimos.

Principio del reconocimiento de la individualidad y la diferencia: «no hagas por tu pareja aquello que te gusta a ti: puede tener gustos distintos»

Somos diferentes. Esta es nuestra riqueza y también el reto en la construcción de nuestra relación. Podemos intuir lo que el otro necesita, lo que le gusta y lo que le disgusta; podemos captar con mayor o menor precisión sus sueños o deseos, pero sólo si le preguntamos y escuchamos, con interés y atención, vamos a conocerle bien. Por ejemplo, a veces queremos sorprender agradablemente a nuestra pareja y le preparamos una velada especial, quizás aquella que desearíamos para nosotros. Y puede ocurrir que esta no sólo no reaccione entusiasmada sino que además no valore nuestro trabajo.

> —*¿Eh, que te gusta? ¿Verdad que es fantástico?*
> —*Está bien... aunque hubiera preferido...*
> —*Tú hazme caso, que yo sé lo que necesitas...* (o bien)
> —*Con todo el trabajo que he tenido preparando esto... ¡Vaya agradecimiento!*

Podemos intentar pasar factura, en un desespero por ser reconocidos: decepción, incomprensión, sensación de que no nos valoran... Esto se evitaría teniendo bien presente que: *yo soy yo y tú eres tú, diferente a mí. Lo que a mí me gusta puede no gustarte y tienes todo el derecho de no preferirlo. Si yo quiero hacer algo por ti debo conocer qué deseas, qué te place, y prepararte la velada que tú desearías tener, en lugar de la que desearía que tú me prepararas a mí.*

Principio de la moralidad natural: «no hagas a tu pareja aquello que no quieres que te hagan a ti»

No le controles, no le invadas, no le intimides, no le grites, no le maltrates, no te quejes constantemente, no hagas juicios de valores, no le juzgues, no le ignores, no le menosprecies, no le infravalores. No lo critiques ante los demás, no le utilices, no seas desleal, no te aísles, no le insultes, no le agobies.

Todas estas acciones generan emociones difíciles de gestionar que pueden provocar una situación de caos en la que la convivencia se vuelva imposible. Es una ley universal y antigua que siempre debe aplicarse, por prudencia. Tenerlo presente facilita la convivencia y un entorno de sosiego y equilibrio.

Principio de la autoaplicación previa: «no podrás hacer ni dar a tu pareja aquello que no eres capaz de hacer ni darte a ti mismo»

Hay personas que tienen por vocación *salvar a los demás,* pero en este empeño olvidan que su principal responsabilidad es salvarse *a sí mismas.* Han sido educadas con el lema *primero los demás y, si queda tiempo, yo.* Sabemos que quien intenta dar lo que no tiene, acaba sintiéndose frustrado y explotado, pudiendo llegar a acumular mucho resentimiento.

Lo cierto es que uno no podrá dar amor si no se ama; cuidado, si no se cuida; calma, si no se calma; comunicación, si no se comunica consigo mismo. No podrá ser generoso con otro, si no es capaz de serlo consigo mismo; no podrá dar tiempo de calidad, si no se da a sí mismo calidad de tiempo; pausa si no se para; ánimo, si no es capaz de automotivarse. No podrá acariciar si no es capaz de acariciarse; de sonreír, si no tiene en su propia vida nada por qué sonreír. No podrá dar un hogar acogedor, si no es capaz de aceptarse y acogerse a sí mismo. No podrá colaborar en la felicidad de nadie, si no se responsabiliza de construir su propia felicidad.

Principio de la limpieza relacional: «tenemos el deber de hacer limpieza de las relaciones de pareja ficticias, insanas y que obstaculizan nuestro crecimiento como seres humanos»

Una de las pocas garantías que tenemos es que tendremos que vivir el resto de nuestra vida con nosotros mismos. Por este motivo es importante que aprendamos a cuidarnos, aceptarnos, respetarnos y amarnos. La ecología emocional nos lanza el reto de responsabilizarnos de nuestra vida y gestionarla bien. Y para conseguirlo debemos proporcionarnos los espacios de relación adecuados para evolucionar y mejorar como personas.

A partir de determinado momento, ya no vale quejarnos de la familia que hemos tenido ni de los errores cometidos por nuestros padres para justificar una vida vacía de amor o llena de relaciones de baja calidad. Tampoco vale quejarnos de nuestra relación de pareja o hundirnos con ella. Si bien no hemos escogido a nuestros padres, sí que somos responsables de nuestra elección de pareja y de la decisión de continuar o no con ella.

Así, si llega un momento en que somos conscientes de que esta se basa en la dependencia y nos encierra y repliega, en lugar de facilitar nuestro avance; nos provoca mucho sufrimiento y disminuye nuestra autoestima; reduce nuestro mundo y nuestras posibilidades de ser y relacionarnos... tenemos el deber de *hacer limpieza* y finalizar la relación. Sólo así podremos continuar sintiendo respeto por nosotros mismos y conservar nuestra dignidad. Somos responsables de proporcionarnos entornos de relación adaptativos y ecológicos.

LA PAREJA IDEAL

Nasrudin conversaba con un amigo:

—Entonces, ¿nunca pensaste en casarte?

—Sí, lo pensé —respondió Nasrudin. En mi juventud resolví encontrar a la mujer perfecta. Crucé el desierto, llegué a Damasco y conocí a una mujer muy espiritual y muy linda; pero ella no sabía nada de la realidad de este mundo. Continué viajando y fui a Isfahan; allí encontré a una mujer consciente del reino de la materia y del espíritu, pero no era bonita y resolví ir hasta El Cairo, donde cené en casa de una mujer muy religiosa, bonita y conocedora de la realidad material.

—¿Y por qué no te casaste con ella?

—¡Ah, compañero mío! Lamentablemente ella también quería un compañero perfecto.

ENERGÍAS EMOCIONALES ECOLÓGICAS

Estamos tejidos del material de los sueños.

WILLIAM SHAKESPEARE

Energías limpias, reciclables y muy valiosas... Son las fuerzas que nos mueven a la acción creativa, y el fruto de una gestión emocional ecológica. Toda emoción genera una energía que podemos dirigir a la creatividad o a la destructividad. El problema no reside en la emoción que sentimos, ya que esta no la elegimos, sino en *cómo* la gestionamos. Somos responsables de cómo canalizamos la fuerza que la emoción contiene y también de hacia *cuáles objetivos* la dirigimos. Así, nos podemos mover por ira, por resentimiento, por celos, por envidia, por ansia de posesión o por egoísmo... pero esta energía causará destrucción: nuestra relación de pareja se deteriorará, contaminaremos nuestro entorno y quedaremos sin energía para construir de forma inteligente nuestra vida.

La opción ecológica es clara: precisamos energías emocionales que podamos dirigir a nuestra mejora personal y a la construcción de un entorno de pareja más armónico. Estas son algunas formas de obtenerlas:

Vitaminas emocionales

Una planta necesita nutrientes para crecer. De hecho, todo ser vivo debe recibir aportes del medio para poder desarrollarse. Una relación de pareja emocionalmente ecológica no será posible si no cuidamos de nuestro propio bienestar. Sólo así estaremos en condiciones de proporcionar vitaminas emocionales al otro. Las vitaminas emocionales nos ayudan a crecer y a vivir de forma más equilibrada y feliz.

Podemos mencionar algunas indispensables:

REFUERZOS POSITIVOS: Tienen su origen en una buena comunicación. Cuando uno ama a otro es importante decirle lo que nos gusta y valoramos de él, siempre desde una posición de sinceridad y honestidad y nunca para manipularlo o conseguir algo que deseamos. *Me ha gustado mucho lo que has hecho, te felicito por lo que has logrado, admiro tu conducta generosa, estoy convencido de que puedes resolverlo;* a todos nos gusta rodearnos de personas positivas. ¡Cuántas veces pensamos algo positivo del otro y nos lo guardamos para nosotros! Son vitaminas emocionales desperdiciadas.

ABRAZAR: El contacto físico con nuestra pareja es esencial. El abrazo nos permite ser conscientes de nuestro contorno corporal y de nuestros límites físicos. Pero un abrazo no se limita al contacto. Abrazar es una forma de comunicación intensa. El abrazo acoge la totalidad del otro, nos permite sentir su calidez, piel con piel, brazos enlazados, dejándonos ir, con confianza total y desprendimiento. En el abrazo notamos su aroma y su aliento de vida. Sabemos que está cercano, posible y en nuestro presente. Pedir, dar y saber recibir abrazos es una parte indispensable de nuestra comunicación de pareja. En el abrazo desaparecen las barreras, las protecciones y las defensas porque desaparece el miedo y nos sentimos acogidos.

Sonreír: La sonrisa forma parte de nuestra evolución como especie. Dentro de nuestra mímica es una expresión plenamente social. Es una llave que abre muchas puertas. Amplía nuestra boca como si quisiera captar los estímulos externos sin perderse uno, es optimista; a veces se abre dispuesta a dejar entrar las sorpresas y todo lo bueno que llega. Recibir a alguien con una sonrisa es comunicarle que nos agrada, atrae y que estamos deseosos de compartir. La sonrisa nos mueve emociones y actitudes positivas, nos predispone a relacionarnos, es portadora de confianza y puede expresar ternura y placidez. Lo contrario de la sonrisa es el gesto de boca y dientes apretados, que suele ir con el corazón apretado, cerrado al otro, inquieto, miedoso, desconfiado, terco o resentido.

Una sonrisa trae consigo nuevas sonrisas y posibilidades en la relación. Cuando sonreímos le decimos al otro que estamos bien con nosotros mismos y que nos place estar con él. Cultivar la alegría interior nos permite un acceso fácil a la sonrisa. Y esta alegría nace de la sencillez, la generosidad, la humildad, la empatía y la naturalidad.

Caricias: Son cargas de energía sencillas pero eficaces e insustituibles, porque el tacto tiene una gran poder de comunicación. Las caricias tienen muchas formas: un pequeño toque, una mano que se acerca y se apoya por un segundo en la mejilla; deslizar los dedos arriba y abajo suavemente por la piel, un masaje en las manos o en los pies; dibujar el contorno de los labios; rodear con el brazo la espalda del otro, entrelazar las manos... El tacto es una comunicación primaria que no miente y todo un mundo por sí mismo. Un paseo por el cuerpo del otro es siempre nuevo, misterioso y nos ofrece la posibilidad de ser creativos en la comunicación. La relación de pareja se alimenta de caricias. Uno sabe cuándo una pareja tiene el canal del tacto abierto, porque también acaricia en la forma de mirarse, de sonreírse y de hablarse.

Expresar agradecimiento: Es todo lo contrario de *dar por supuesto* y lo antagónico de la actitud que parte del hecho de que todo lo bueno que nos llega es *lo esperable y normal*. Para poder expresar agradecimiento es necesario darse cuenta de que hay algo que agradecer y de que uno ha recibido un don del otro. Se trata de cultivar la observación, la capacidad de fijarse en los detalles, y en el hecho de que el otro ha pensado en lo que nos gusta o se ha anticipado a nuestra necesidad. Consiste en darse cuenta de cuándo nuestra pareja ha cuidado algo especialmente, y agradecer la oportunidad de compartir otro día.

No se trata de dar un «gracias» general, de forma convencional, ni tampoco de estar dando las gracias constantemente. Uno puede expresar agradecimiento sin necesidad de recurrir a esta palabra. De todas formas, si nos valemos de ella sería bueno indicar el motivo: *gracias por apoyarme hoy, gracias por dedicarme tu tiempo, por estar aquí cuando te necesito, por tu complicidad*. Al hacerlo damos información de lo que valoramos a nuestra pareja y así le enseñamos cómo amarnos mejor.

Facilitar entornos plácidos y entornos estimulantes: El aburrimiento mata cualquier relación. Los entornos plácidos son aquellos espacios en los que es posible establecer una comunicación de calidad. Hay parejas que se comunican, de forma habitual, como si estuviesen en un campo de batalla: exigen, reprochan, se muestran descontentos, se dan mensajes negativos, gritos o palabras cortantes, siempre en un constante *tira y afloja*. Esta puede ser la normalidad de algunos, pero es una *patología de la normalidad* que genera mucho estrés e infelicidad en la relación. Los entornos *plácidos* están compuestos de momentos de silencio, en los que cada uno puede estar en un espacio propio de reflexión o trabajo —teniendo o no al otro cerca—, pero sabiéndolo presente; son momentos para compartir música, miradas, tareas y conversaciones, con generosidad y respeto a las diferentes necesidades y ritmos.

Los entornos *estimulantes* son espacios para cargarse de energía positiva. Para ello será necesario estar abiertos al mundo y a todo lo que en él sucede. Pueden encontrarse compartiendo actividades culturales, sociales, debatiendo sobre libros, teatro, política, deporte; abriendo nuestro espacio conjunto a otras personas y otros amigos. Es estimulante abrirse a otras formas de pensar, de ver y mirar; explorar conjuntamente, adentrarse en otros paisajes distintos y llenarse de colores y sonidos nuevos. Para construir el proyecto *nosotros*, placidez y estímulo son dos vitaminas emocionales que deben hallar un equilibrio en el espacio de encuentro conjunto.

RESPETAR AL OTRO: La aceptación es la vitamina esencial para nutrir la relación. Es un respeto amoroso a nuestra mutua existencia, pero no supone aceptar cualquier tipo de conducta: despotismo, violencia, egoísmo o involución. El respeto al otro no es resignarse a aquellas características desequilibrantes que no se resuelven por comodidad. Respetar es comprender que nuestra pareja es quien es y no quien nosotros queremos que sea; se trata de no pedirle que se convierta en lo que nosotros deseamos que sea, sino que luche para desarrollar su propio proyecto de mejora personal, en el que nosotros vamos a colaborar en la medida de lo posible.

Conservas emocionales

Quizá no sea preciso describir la esperanza
quizá sintiendo sólo su latir es suficiente.

MIQUEL MARTÍ I POL

Todo lo bueno, estimulante, valioso y bello que nos llega puede grabarse en nuestra memoria emocional. Para hacerlo será preciso estar atentos y receptivos, vivir con conciencia nuestro presente y afinar nuestra sensibilidad.

> *La alegría cuando algo va bien,*
> *tener salud;*
> *los pequeños detalles*
> *las manifestaciones de afecto:*
> *caricias, abrazos, pasión y ternura;*
> *notas o mensajes recibidos de nuestra pareja*
> *planear algo juntos*
> *pasear, mirar;*
> *espacios de intimidad;*
> *explorar paisajes nuevos,*
> *música, conferencias, cine;*
> *espacios de debate y conversación;*
> *tiempo compartido con otras personas.*

Con todo este material podemos fabricar conservas emocionales grabando y esculpiendo en nuestra memoria todo lo que merece ser conservado. Así podremos recurrir a ellas cuando nuestra relación viva momentos de oscuridad en los que no distingamos al otro.

Para fabricar conservas emocionales debemos cultivar la atención, la sensibilidad y el agradecimiento por todo lo bueno recibido. La materia prima de estas conservas es la capacidad de gozar de uno mismo y del misterio del otro. Podemos conseguir buenas «conservas» siendo justos y éticos en lo que hacemos, cultivando la serenidad y haciendo frente a las dificultades que la vida conjunta nos depara.

Hay momentos de la vida en que la cosecha emocional es abundante, ya que estamos en un buen momento y nuestra relación marcha bien. Es el momento de producir *conservas emocionales* guardando en nuestro corazón todos los motivos, pequeños y grandes, por los que merece la pena vivir. Es esencial detectar qué nos da satisfacción y placer, puesto que somos responsables de proporcionarnos estos nutrientes sencillos, gratuitos, casi siempre disponibles pero, a menudo, tan ignorados.

La realidad es que si nosotros estamos bien, seremos capaces de estar mejor con nuestra pareja. La vida en común puede estar llena de satisfacciones que nutren la intimidad, amplían la comunicación y reafirman la base en la que se asienta la relación. El problema es que, a veces, no somos conscientes de qué nos gusta de nuestra convivencia. Es esencial detenernos y reflexionar sobre ello para guardar los mejores momentos en nuestro corazón.

Darse cuenta

En el jardín de un monasterio, un viejo y sabio monje ciego estaba caminando con un pupilo... Era un lindo día de primavera. El jardín estaba por florecer y el viento soplaba suavemente. Cuando pasaron cerca de un duraznero grande, el maestro movió su cabeza a fin de no toparse con las ramas colgantes.

El pupilo miró asombrado y le preguntó:

—Maestro, ¿cómo es que usted vio esas ramas?

—Ver con mis ojos es sólo una sensación —respondió el viejo monje—. Yo *escuché* el viento cantar suavemente por las ramas del árbol.

El pupilo lo miró perplejo a la vez que el monje ciego continuaba diciendo:

—Cierra los ojos y dime lo que oyes. ¿Escuchas latir tu corazón? ¿Oyes las pisadas del monje que atraviesa el jardín? ¿Escuchas al grillo que está a tus pies?

El joven miró abajo y, sorprendido, vio el primer grillo de la nueva primavera.

—¿Cómo puede oír estas cosas? —exclamó el pupilo.

El monje ciego respondió:

—¿Y cómo puedes tú no oírlas?

ESPACIOS PROTEGIDOS: LAS RESERVAS NATURALES

Esta es la última palabra de la sabiduría:
Sólo merece la libertad y la vida quien diariamente sabe
conquistarlas.

JOHANN WOLFGANG VON GOETHE

Los espacios protegidos son aquellas zonas interiores que debemos cultivar para mantener nuestro equilibrio y armonía. Su
cuidado adecuado dará lugar a un ecosistema emocional rico
en el que será posible que florezcan especies delicadas, como el
amor. Veamos algunos:

El espacio de soledad

Los corazones más cercanos no son precisamente los que
se tocan.

PROVERBIO CHINO

Nos gusta la soledad que va unida a la complicidad y al respeto
de la libertad del otro; la soledad necesaria y buscada y no la
que es fruto de la desconexión. Necesitamos disponer de espacios de soledad, donde encontrarnos sin interferencias con noso-

227

tros mismos, armonizarnos y cargarnos de la energía necesaria para convivir. Su ausencia nos hace sentir *ahogados* o invadidos.

¿Dónde estás? ¿Con quién? ¿Qué le has dicho? ¿Qué te ha dicho? ¿No puedo estar aquí contigo? ¿Prefieres estar solo a estar conmigo? ¿Por qué no puedo ir contigo?... son preguntas formuladas por personas dependientes que tienen miedo a encontrarse consigo mismas y quieren llenar su vacío con la vida del otro.

La soledad, entendida como una fuente ecológica de energía positiva, forma parte de las zonas a preservar. La capacidad de estar a solas sin sentirnos angustiados o vacíos es señal de madurez y nos indica que estamos con nuestra pareja por elección y no por desespero. En este sentido, las parejas capaces de preservar y respetar estos espacios suelen ser creativas, respetuosas con la libertad del otro y capaces de cultivar el arte de amar. Los espacios de soledad pueden ser además espacios de descubrimiento personal.

La ternura

> *Cuando me estreches en tus brazos*
> *no tengas mucha prisa.*
> *Fíjate en las ciruelas en otoño,*
> *que estando maduras para la cosecha,*
> *tienen miedo a la fuerte tormenta,*
> *y lo que desean es un viento suave.*

BERTOLT BRECHT

La ternura va dibujando vías por donde pueden circular muchos sentimientos y emociones. «Mente clara y corazón tierno», decía Buda.

Sin prisa, sin prisa... Las prisas están reñidas con la ternura. La ternura precisa movimientos lentos, miradas suaves que se detengan en los contornos, en los repliegues, tacto suave, caricias aterciopeladas, palabras dulces... Si hay ternura, no hay agresividad. Una relación de pareja sin ternura pierde uno de sus más importantes ingredientes.

Nada es pequeño en el amor. Aquellos que esperan a las grandes ocasiones para probar su ternura no saben amar. Dosis pequeñas, o dosis mayores... pero a diario.

El silencio

> *Habla si tienes palabras más fuertes que el silencio, sino guarda silencio.*
>
> EURÍPIDES

El silencio es un espacio que es preciso proteger en la convivencia y puede ser tan importante como el diálogo. Hablamos del silencio pleno y no del que es el resultado de no saber qué decir. El silencio es un espacio ganado a la intimidad, lleno de serenidad, afecto, atención y sensibilidad. Sabemos que una relación funciona cuando es posible sentirse cómodo estando en silencio y cuando sólo con la mera presencia se puede comunicar.

Hay momentos en los que las palabras no bastan, o sobran. A veces nuestra falta de dominio del habla sólo es capaz de dar una idea aproximada de lo que pretendemos expresar. El silencio es, entonces, el lenguaje adecuado si lo vivimos en plenitud y equilibrio. Silencio-mirada, silencio-sonrisa, silencio-tacto, silencio atento... Mil posibilidades para explorar este camino de comunicación ecológica.

LA GESTIÓN ECOLÓGICA DE LAS CRISIS
EMOCIONALES DE PAREJA

*El hecho de que no tengas adónde ir
no significa que debas quedarte.*

Auditoría emocional: un balance de la relación

El tiempo es vida, y la vida reside en el corazón.

MICHAEL ENDE

A la hora de hacer un balance de nuestra relación de pareja es importante no centrarnos en las posesiones que hemos acumulado sino en aquello que compartimos y por lo cual no aceptaríamos dinero alguno. Lo cierto es que nuestra vida es un constante proceso de decisión y, si analizamos los caminos que hemos ido tomando, veremos que unos han ampliado nuestra existencia y otros la han ido cerrando.

A veces olvidamos que «casi nada es definitivo» y que casi siempre existe más de una alternativa, aunque no la sepamos ver. La finalidad de la *auditoría emocional* es tomar conciencia de nuestro momento actual y valorar si es preciso hacer cambios en nuestra relación de pareja. Para hacer esta auditoría debemos buscar un espacio de reflexión y silencio y hacernos estas preguntas: *¿Qué siento? ¿Cómo me siento cuando estoy con mi pareja? ¿Qué tipo de emoción predomina?* A continuación, hacemos un listado dando nombre a lo que sentimos. Puede ser que observemos qué domina esta gama emocional: amor, seguridad, paz, plenitud, alegría, confianza, ternura, gratitud, deseo y amistad. Entonces, el balance es positivo. Pero si habitualmente dominan estos otros matices: miedo, inquietud, indiferencia, sensación de molestia, tristeza, desmotivación, desánimo, inseguridad, aburrimiento o decepción, entonces el balance es negativo.

Cuando el balance de la relación de pareja es positivo, es importante continuar en la línea del amor y la creatividad, para que siga creciendo en calidad y armonía. En el caso de que sea negativo, será preciso invertir tiempo y energías para mejorarlo. La información que contienen las emociones nos señalan líneas de acción y mejora. Si damos la respuesta adecuada se producirá un cambio positivo en el *feed-back* emocional que vamos a recibir.

No obstante, hay decisiones que es importante no aplazar de forma indefinida. Si esta relación se nos hace insoportable, nos sentimos ahogados y vacíos, nuestra creatividad se seca y nuestro sentimiento es de tristeza constante... debemos decir basta. La pareja es una elección de crecimiento y, en ningún caso, debe ser una condena. Es importante acabar cuanto antes toda relación destructiva o insostenible. El precio emocional de continuar manteniéndola es demasiado caro: nos jugamos nuestra salud mental.

El mapa de decisión

Para tomar decisiones difíciles, de forma emocionalmente inteligente, puede ser útil realizar un mapa de decisión. Consiste en el proceso siguiente:

- ESCÁNER EMOCIONAL: *¿Qué siento sobre esta cuestión? ¿Qué siento por esta persona? ¿Qué siento cuando estoy con esta persona?* (el listado debe ser exhaustivo, dando nombre a todo el «cóctel emocional» que sentimos). Por ejemplo: Me siento *triste, cansada, frustrada, sola, abandonada, furiosa, desanimada, indefensa...*

- **¿QUÉ PIENSO?**: Por ejemplo: *Pienso que esto no funciona, estoy harta de no poder compartir con nadie, es un egoísta, no me comprende, sólo me utilizan, no me tienen respeto, creo que esta situación es muy injusta, que soy imbécil por aguantarlo, que me voy a ir para no volver, que ya no aguanto más, que...* (hasta que todo lo que pensemos sobre el tema quede reflejado).

- **TIEMPO FUERA**: Nos damos una pausa. Guardamos lo que hemos escrito. Lo dejamos reposar. Hacemos un ejercicio físico, paseamos, nos relajamos, o cambiamos de actividad hasta volver a recuperar un estado emocional base (hasta que no lo consigamos, no pasamos a la etapa siguiente).

- **¿QUÉ OPCIONES TENGO ANTE ESTA SITUACIÓN?**: Hacer un listado exhaustivo considerando, incluso, las opciones más imaginativas. No censurar. Se trata de aplicar el pensamiento creativo a este caso para ser conscientes de que, aunque no nos decidamos por ellas, tenemos más opciones de las que creemos tener. Si realizamos bien esta parte evitaremos la sensación de que no hay soluciones posibles y la indefensión que esto comporta. Ejemplo: *Puedo quedarme y luchar para mejorar mi relación, no hago nada y aguanto, el divorcio, me largo y no me ve nunca más, me vuelvo a casa de mis padres, me hago monje, me voy de voluntario a una ONG, propongo una terapia de pareja, me doy un tiempo prudencial para ver cómo evoluciona la relación...*

- **PROS Y CONTRAS DE CADA OPCIÓN** (dos columnas y vamos valorando el precio de cada camino, puesto que siempre hay precios a pagar).

- **¿QUÉ ELIJO HACER?** Esta opción nos coloca ante nuestra libertad y nuestra responsabilidad. No somos seres pasivos a los que la vida lleva de un lado a otro. Conscientes de que tenemos opciones, conscientes también de que cada opción conlleva ganancias y pérdidas, vamos a elegir. No hacer nada también es una elección que tiene un precio. No es lo mismo no hacer nada porque creemos que no hay otro camino posible que «no hacer nada» porque así lo decidimos, después de valorar nuestras opciones.

- Lo HAGO: «ACCIÓN RESOLUTIVA» (aquí finaliza la gestión del caos emocional con el que se ha iniciado el proceso). Si la respuesta dada ha sido adaptativa mejorará nuestro estado emocional y aumentará nuestra autoestima, aunque no ocurra de forma automática e inmediata.

Crisis = oportunidad

> *Este es tu problema: sabes pero no actúas. No eres un guerrero.*
>
> DAN MILLMAN

Todo cambio o crisis puede ser una oportunidad para descubrirnos, mejorar y evolucionar. Todo va a depender de cómo gestionemos nuestras emociones y en qué dirección canalicemos nuestra energía emocional.

La energía emocional se parece a un cuchillo que, por sí mismo, no es ni bueno ni malo: depende de si lo utilizamos para cortar un alimento o lo clavamos en la espalda de alguien. De forma similar, un caudal de agua desbocado puede provocar una inundación o va a servir para producir enormes cantidades de energía útil, luz y fuerza, si la canalizamos adecuadamente.

Lo mismo ocurre con nuestra energía emocional. La energía generada por las emociones puede ser canalizada y convertida en fuerza útil para mejorar nuestros conocimientos, habilidades y competencias emocionales; pero, si no la orientamos bien, esta energía se orienta a conductas destructivas: lamentarnos, quejarnos, criticar, hacernos las víctimas o intentar perjudicar a otras personas.

La crisis se convierte en oportunidad cuando somos capaces de reciclar la energía emocional —aparentemente desadaptativa— invirtiendo la tendencia a la destrucción.

Luz en la oscuridad

> *Hay que convertirse en la persona adecuada*
> *en lugar de buscar a la persona adecuada.*
>
> SONDRA RAY

Si nos queremos tanto... ¿por qué nos cuesta tanto amarnos bien? Quizá porque han intentado hacernos creer —y nosotros hemos creído— que si encontrábamos a la persona adecuada el trabajo estaba hecho. Lo que seguiría al encuentro debería ser un continuo vivir felices, adaptados y sin demasiados problemas. Esta creencia distorsionada genera mucho sufrimiento porque cuando se inicia la convivencia es cuando empieza la aventura real. El reto es estar preparados para saber amarnos bien desde la realidad y no desde la ilusión de lo que no es y quisiéramos que fuera.

Nunca debemos olvidar el valor que para nosotros tiene la relación que construimos. Incluso en el momento más oscuro, cuando sentimos que todo se rompe, debemos tener claro que la esencia del otro sigue presente aunque quede oculta por conductas agresivas, infantiles o desagradables.

Existen algunos aspectos a trabajar a fin de que seamos capaces de hallar luz en momentos de oscuridad:

- Si queremos que nuestro *equipo afectivo* funcione, debemos darle prioridad. Significa dedicar tiempo a estar juntos de forma productiva, no limitándonos a estar uno al lado del otro, sino haciendo algo, conjunta y creativamente.
- *Las relaciones duran lo que duran* pero van a durar más y ser aún mejores si somos capaces de disfrutar de nuestro espacio conjunto. Estamos convencidos de que si una relación es productiva y es fuente de felicidad, es muy difícil que se rompa.
- La *madurez personal* juega un importante papel en la relación. Si queremos que el proyecto conjunto funcione, la premisa previa es que funcione nuestro *proyecto individual*. Por lo tanto, debemos cultivarnos y mejorarnos a nosotros mismos.
- Dos elementos deben formar parte del caldo de cultivo de este amor: *la responsabilidad y el compromiso*. Si queremos que algo funcione debemos ser capaces de comprometernos en su cuidado y crecimiento.

El compromiso de no salir huyendo

Una persona no puede correr y aprender a la vez.
Debe permanecer en un lugar durante un tiempo.

ROBERT FISHER

Me comprometo a no salir huyendo cuando las cosas vayan mal o no vayan como yo desearía. Me comprometo a luchar para hacer avanzar nuestra relación, de la misma forma que me comprometo a mejorar yo mismo y crecer como ser humano. Sólo así nuestro camino será posible. Para nosotros, estos serían unos buenos votos de compromiso pero queremos precisar que en ningún caso un proyecto de pareja puede construirse unilateralmente. Si sólo uno trabaja de forma comprometida para que la relación crezca, el resultado será nulo. El amor se parece a un río: requiere dos orillas.

Sentir algo no es difícil, suele ser la consecuencia de captar determinados estímulos. Pero la emoción no es cuestión de voluntad. Los sentimientos y emociones se sienten, a veces son difíciles de explicar, pero no debemos justificarlos ni disculparnos por ellos. Ahora bien, aunque no elegimos lo que sentimos, sí que somos responsables de lo que hacemos con lo que sentimos. La gestión de nuestras emociones puede realizarse adaptativa o desadaptativamente, y en función de ello vamos a mejorar o a empeorar nuestra vida.

Podemos limitarnos a sentir y ser pasivos, o podemos actuar de forma coherente a nuestro sentir y a nuestro pensar. La coherencia engendra la acción creadora y, con ella, la responsabilidad y el compromiso de no salir huyendo a la primera dificultad que se presente. Ahora bien, en la relación de pareja este compromiso debe ser mutuo para que sea efectivo.

Yo soy así, pero puedo ser de otra forma

Hay un secreto para la convivencia feliz con la persona amada: no intentes modificarla.

JACQUES CHARDONNE

PRIMERA VISIÓN
Yo soy así. Si me quieres de verdad me aceptarás. Si no, es que no me quieres. Yo soy así, lo siento. ¡Pero esto no es ninguna excusa! Eres así, pero puedes llegar a ser de otra forma y mejor —si así te lo propones—. Un *lo siento* no sirve de nada si no va unido a una rectificación o a un cambio de conducta dirigida a la mejora personal. De no ser así, la afirmación de sentirlo será

falsa. Si lo sientes... cambia tu forma de actuar, si esta es susceptible de mejora. Estas afirmaciones suelen llevar implícitas este mensaje: *Si no me aceptas como soy –incluidas mis conductas desconsideradas o egoístas– es que no me quieres. Yo espero de ti que lo aguantes todo.*

Segunda visión

Esta cuestión puede analizarse, no obstante, desde otro ángulo. A veces, el hecho de pedir a la pareja que cambie en algo que forma parte de su esencia puede esconder también una forma de chantaje emocional y de intento de manipulación: *Se supone que si me quieres lo suficiente te convertirás en la persona que yo quiero que seas.* En este caso no se respeta la libertad del otro de construirse como la persona que quiere llegar a ser.

Tercera visión

El planteamiento ecológico consiste en retar a nuestra pareja a ser la mejor versión de sí misma, la más actualizada y la más humanizada en lugar de darle nosotros *el plano de obra*, ya diseñado, imponiéndole nuestro modelo de cómo debe ser. No es una buena estrategia intentar cambiar al otro pero tampoco lo es aguantarlo todo de él.

El momento de clarividencia

> *Nos quejamos porque sabemos que podemos elegir... y no lo hacemos. Si te quejas de tu mujer... es porque hay otras mujeres. Si te quejas de tu trabajo... es porque hay otros. Te quejas porque sabes que puedes elegir: ¡pues atrévete y elige! ¡Elige vivir!*

Antoine Filissiadis

Toda relación de pareja pasa por momentos de cierto desencanto. Los sueños y proyectos nacidos en la etapa de enamoramiento pueden no haberse cumplido. En aquella fase de deslumbramiento nos construimos una imagen idílica de nuestra pareja que, pasado el tiempo, puede no haberse convertido en realidad. El desencanto es algo normal y se da cuando el otro no cubre nuestras expectativas o vemos facetas suyas que nos desagradan. Habitualmente se supera esta fase recordando que esta característica sólo es una más de las muchas otras cualidades y aspectos que admiramos. No obstante, el desencanto puede hacerse crónico hasta llegar a un punto que ya no nos sea posible ver al otro positivamente.

Veamos un fragmento del libro *La hija del caníbal*, donde la escritora Rosa Montero describe bien este proceso:

> ... *Para entonces yo ya sabía que los seres humanos somos como icebergs, y que sólo enseñamos al exterior una mínima parte de nuestro volumen: todos ocultamos, todos mentimos, todos poseemos algún pequeño secreto inconfesable. Con la convivencia, sin embargo, la imagen del otro se suele ir quedando más y más achatada, como si el iceberg se disolviera en el mar de la rutina. Y a menudo terminamos reduciendo a nuestro cónyuge a un simple garabato en dos dimensiones, a una calcomanía de persona, a una imagen tan repetitiva y tan estrecha que resulta a la fuerza aburridísima. Esta es una de las muchas maneras en que puede terminar un matrimonio: cuando los dos se miran y al otro lado sólo ven una cabecita plana, como un sello.*

Lentamente, se entra en un proceso durante el cual se plantean los distintos aspectos de la relación y se valoran *sus pros y sus contras*. Aunque esta etapa puede ser larga, llega un día en el que se ve con claridad cuál es la realidad de la situación y lo que es preciso hacer. Es el momento de la elección libre. A partir de ahí se inicia el camino —a menudo difícil— para reconducir la situación. La marcha hacia atrás ya no es posible. Sería como si a un ciego que ha podido ver por un momento le dijéramos que olvidara el hecho de haber visto.

Nada será como antes. Es el momento de enfrentarse a un precipicio en el que no hay puente para cruzar al otro lado. Sólo dando un enorme salto se podrá salvar la distancia. Es un paso adelante que supone correr un riesgo con una única opción. No vale decir: *lo haré poco a poco, en dos momentos.* Se corre un riesgo al dejar la orilla conocida, podemos dar un salto equivocado y caer del precipicio, pero sabemos que ante nosotros se extiende todo un mundo de posibilidades que no podemos dejar de lado. Del mismo modo que el trapecista suelta su trapecio y se lanza al vacío, confiando que llegará a sus manos el otro trapecio, la acción inteligente requiere un valor y una confianza que sólo se pueden adquirir a partir del conocimiento, la coherencia y la honestidad con uno mismo.

La acción reparadora de «dar la vuelta»

Si has tomado el camino equivocado, no sientas lástima por ti mismo, ¡da la vuelta!

Aproximadamente una de cada tres parejas no llegan a separarse por motivos de *comodidad*. Porque... ¿Quién puede soportar romper con un pasado que le gana y le obliga?

Para huir de nuestra *soledad* podemos llegar a darlo todo. Podemos convertirnos en esclavos, en víctimas y en tierras yermas sin creatividad; en personas pasivas, sin iniciativa y totalmente subyugadas a otra voluntad. Podemos llegar a ceder el control de nuestra vida a cambio de tener otro ser humano sentado en nuestro sofá o durmiendo en nuestra cama. Todo para no reconocer que hemos dejado de amarle y que, quizás, ya ni lo respetamos, ni nos gusta. Por *comodidad* y *miedo* dos personas pueden acabar compartiendo la misma cama, escondiendo la realidad de su soledad bajo las sábanas. Han elegido colocar *la cabeza bajo el ala* en lugar de enfrentarse a las dificultades. Tal vez la *rutina* y la comodidad les hacen aplazar indefinidamente tomar las decisiones necesarias para conservar su salud emocional. El intento de evitar los *sentimientos de culpa* puede ser otro de los factores clave que frene la acción reparadora de *dar la vuelta*.

Para enfrentar las dificultades es preciso ser valiente y no salir huyendo al primer obstáculo que se presente. Pero también necesitaremos valor cuando, después de haber luchado por mantener viva nuestra relación, lleguemos a la conclusión de que esta ha finalizado y que es preciso darla por cerrada. Lo cierto es que esta decisión nunca es fácil ni cómoda pero, en muchos casos, es la única posible para reestablecer nuestro equilibrio emocional, recuperar la creatividad y la capacidad de ilusionarnos para seguir creciendo.

Una vez dado este paso, podemos sentir emociones aparentemente antagónicas: un gran alivio por un lado, y un gran sufrimiento y soledad por el otro. No obstante, sabemos que la alternativa de quedarse anclado en una relación por comodidad, miedo o culpa, lleva a la infelicidad segura. Las salidas para escaparse de las dificultades suelen estar repletas de dificultades mucho peores.

La libertad de abandonar la relación de pareja

No entres allí de donde libremente no puedas salir.

Si uno se siente atrapado o encarcelado en la relación, es el momento de tomar medidas. Decidir acabarla, con responsabilidad y criterio, no es lo mismo que abandonar al menor contratiempo. En este último caso, la huida nos puede acarrear mayores conflictos y sentimientos de culpa. La decisión responsable y coherente, aunque sea dolorosa, reestablecerá nuestro equilibrio. El resultado será la recuperación de nuestro equilibrio personal, del respeto por nosotros mismos y un paso adelante en nuestro desarrollo.

¿Por qué puede llegar a ser tan difícil romper con las ataduras afectivas cuando el amor ha desaparecido? Y hablamos de ataduras y no de *vínculos* puesto que nos referimos a las relaciones adictivas. Las ataduras generadas por estas relaciones de dependencia sólo tienen una buena solución: cortarlas, tan pronto seamos conscientes de ellas, para no quedar atrapados.

Un ejemplo sencillo que explica la resistencia a dejar estas relaciones es la trampa de monos que se utiliza en algunas zonas de Asia:

> Se trata de un contenedor de madera con una pequeña abertura. En el interior de la misma hay un caramelo. El mono, atraído por el caramelo, introduce la mano por la abertura y coge el dulce. Cuando quiere retirar la mano, no consigue hacerla pasar por la estrecha abertura sin soltar el caramelo. Queda atrapado hasta que el cazador llega y lo captura. No se da cuenta de que todo lo que tiene que hacer para liberarse es soltar el caramelo.[57]

---

57. Ayya Khema. *La isla interior*. Ediciones Oniro, 2003.

Algo similar ocurre en las dependencias afectivas en la pareja: quedamos atrapados porque no queremos *soltar el caramelo* —es decir, aquellas ventajas que nos reporta la relación— y quedamos atrapados en una especie de círculo que va de la infelicidad de vernos presos a la esperanza de que todo mejorará y, de ahí, otra vez a la infelicidad y al desconsuelo. Así, se nos escapa de las manos la felicidad posible.

Una persona persevera en una relación de pareja patológica porque, en el fondo, existe alguna *ganancia secundaria* ligada a ella de forma similar al caramelo que no se quiere soltar aunque ello pueda significar quedarse atrapado para siempre.

Un nudo puede simbolizar, también, un modelo de vínculo. A veces el nudo es tan intrincado y está tan apretado que no puede ser desanudado, sólo cortado. No vale la pena invertir tiempo y energía en intentar deshacerlo. Así cuentan que hizo Alejandro Magno: desenvainó su espada y cortó, de una vez por todas, el dichoso nudo gordiano. Y es que, en algunos momentos de nuestra vida, sólo una acción inmediata y contundente puede salvarnos.

Aquí está el problema

Comprender significa acción inmediata.

KHRISNAMURTI

Cierto día en un monasterio zen-budista, el jefe de los guardianes del mismo fue encontrado muerto. Era necesario sustituirle con urgencia, por lo que el Gran Maestro convocó a todos los discípulos para determinar cuál de ellos sería el nuevo Jefe Guardián.

El Maestro, con mucha calma y tranquilidad, dijo:

—Asumirá este honor el primer monje que resuelva el problema que voy a presentar.

Entonces, colocó una magnífica mesita en el centro de la enorme sala donde estaban reunidos y encima de esta colocó un jarrón de porcelana muy raro, con una rosa amarilla de extraordinaria belleza dentro del mismo.

El Maestro dijo así:

—¡Aquí está el problema!

Todos quedaron asombrados mirando aquella escena: un jarrón de extremo valor y belleza, con una maravillosa flor dentro. Y el Maestro quieto y callado, mirando.

¿Qué significaba? ¿Qué debían hacer? ¿Cuál era el enigma a resolver?

En este momento uno de los discípulos sacó una espada, miró al Gran Maestro y a todos sus compañeros, se dirigió al centro de la sala y... izazzzsss!, destruyó todo de un solo golpe.

Tan pronto el discípulo retornó a su lugar, el Maestro dijo:

—Tú serás nuestro nuevo Jefe-Guardián.

Abrirse a nuevas relaciones

Una vida no vivida es una enfermedad de la que se puede morir.

CARL GUSTAV JUNG

En la etapa de juventud solemos iniciar y mantener abundantes relaciones personales, pero al enamorarnos tendemos a centrar toda nuestra energía en la persona amada. No obstante, es más inteligente diversificar nuestros afectos cultivando relaciones diversas y de calidad además de la relación de pareja.

Cuando una pareja tiene hijos, corre el riesgo de aumentar su cierre afectivo y acabar generando un núcleo familiar endogámico. Si en algún momento el proyecto de pareja finaliza, al haberse cerrado a otros afectos pueden llegar a sentirse muy solos y desconectados.

La ecología emocional nos recuerda que los seres humanos nos construimos y humanizamos relacionándonos con los demás. El encuentro con el otro nos permite compartir sentimientos, pensamientos y ampliar nuestra visión del mundo. Una opción relacional abierta y sincrónica a la opción de pareja o de familia aumentará nuestro equilibrio emocional y el sentimiento de plenitud afectiva.

Nuestra salud emocional depende de nuestra capacidad de estar conectados con nosotros mismos y con los demás. Por este motivo, tanto para la propia dinámica de pareja como para la educación de los hijos, es esencial estar abiertos a los demás y al mundo. Y ello significa que nuestra casa interior y exterior ha de estar abierta a personas nuevas y diferentes; supone también estar dispuestos a arriesgarnos a conocer otras personas, además de mantener las relaciones que ya se tienen. La apertura relacional es, sin lugar a dudas, un factor esencial de crecimiento de la pareja y la familia.

La responsabilidad de darnos otra oportunidad

> *Cuando una puerta de la felicidad se cierra, otra se abre; pero a menudo nos quedamos mirando tanto tiempo la puerta cerrada que no vemos la que se ha abierto para nosotros.*
>
> HELLEN KELLER

En nuestro contexto sociocultural tenemos toda la libertad para elegir pareja, casarnos y separarnos. Ningún tabú, ninguna ley o principio impiden hoy en día que dos personas se emparejen o se abandonen, si así lo desean. La consecuencia que se puede desprender de lo anterior es contundente: sólo podemos «culparnos» a nosotros mismos de nuestro *fracaso*.

Culpa y fracaso son dos formas de verlo; *responsabilidad y aprendizaje*, otra forma de enfocar este mismo tema.

Mark Twain solía decir que la experiencia puede enseñarnos *demasiado*. El gato que pone la pata en una hornilla caliente —dijo Twain— nunca vuelve a ponerla allí. Lo malo es que tampoco la pone en una hornilla fría. El hecho de generalizar las experiencia negativas, sacando conclusiones precipitadas e incorrectas sobre las mismas, puede provocar que uno se niegue la oportunidad de volver a iniciar una relación de pareja, después que una experiencia anterior no haya tenido éxito.[58] Un aprendizaje incorrecto puede ser la causa de una cadena de relaciones insatisfactorias que *fracasan*. Sólo si después de ellos nos preguntamos: *¿Qué aprendizaje puedo extraer de esta experiencia, que me sirva para mejorar y aplicar en el futuro?* nos daremos la oportunidad de vivir relaciones mejores.

Hemos dado mucha importancia a los factores que nos hacen ser como somos y hemos dado muy poca a aquello que pudimos hacer para desenredarnos y obrar de otra forma, utilizando el margen de libertad que todos tenemos.[59] Y todo margen de libertad lleva consigo una carga de responsabilidad que es importante ejercer. Responsabilidad = dar la respuesta adecuada a los retos que nos plantea nuestra existencia. Una transición afectiva no tiene por qué ser un trauma, también puede ser un

---

58. Tala afectiva indiscriminada.
59. Erich Fromm. Idea recogida en *El arte de escuchar*. Paidós, 2003.

camino de perfeccionamiento. Todo depende de si somos capaces de aprender de los errores y aplicar de forma responsable el nuevo aprendizaje en vistas a mejorar nuestro futuro.

Un hoyo en mi acera o la necesidad de aprender

Hay un hoyo en mi acera.

CAPÍTULO UNO: Bajo por la calle y hay un hoyo grande. Yo no lo veo y caigo en él. Es profundo y oscuro. Tardo mucho tiempo en lograr salir. No es mi defecto.

CAPÍTULO DOS: Bajo por la misma calle. Hay un hoyo grande y lo veo, pero caigo de nuevo en él. Es profundo y oscuro. Tardo mucho tiempo en lograr salir. Todavía no es mi defecto.

CAPÍTULO TRES: Bajo por una calle. Hay un hoyo grande, y lo veo, pero todavía caigo de nuevo en él. Ha llegado a ser un hábito. Pero ya voy aprendiendo a salir rápidamente del hoyo. Reconozco mi defecto.

CAPÍTULO CUATRO: Bajo por una calle. Hay un hoyo grande. Lo rodeo.

CAPÍTULO CINCO: Bajo por una calle diferente.

7

...A LA GESTIÓN EMOCIONAL ECOLÓGICA

La exclusividad en el afecto es una inversión de elevado riesgo: si pierdes el objeto de afecto, pierdes la vida.

Las personas con mayor poder de seducción son aquellas que tienen la capacidad de luchar para ser ellas mismas y actuar de forma coherente y proactiva.

Si no nos gusta lo que recibimos en nuestra relación de pareja, tenemos que prestar mucha atención a lo que emitimos.

La pareja es una elección de crecimiento y, en ningún caso, debe ser una condena. Aunque no elegimos lo que sentimos, sí que somos responsables de lo que hacemos con lo que sentimos.

8

OTRAS VISIONES

La exigencia de renunciar a los engaños sobre la propia situación es la exigencia de renunciar a una situación que necesita del engaño.

KARL MARX

¿SEXO, AMOR Y MATRIMONIO?

La paradoja pervive: el matrimonio es estable, el amor efímero. ¿Cómo conjugar institución y sentimiento?

JOSÉ ENRIQUE RUIZ-DOMÈNEC

El pensamiento crítico no es algo que se fomente en nuestra sociedad. Las personas creativas, críticas y analíticas suelen incomodar puesto que dan enfoques nuevos a temas que *se dan por supuestos y establecidos.* La incomodidad y resistencia a aceptarlos deriva del hecho de que estos nuevos planteamientos nos obligan a salir de nuestra *franja de comodidad* y a entrar en una *zona de incertidumbre* y cambio. Pero consideramos que hay algunos temas referentes a la pareja, a la educación y a la familia que es necesario revisar con urgencia.

Goethe decía: «El amor es algo ideal; el matrimonio algo real; la confusión entre lo real y lo ideal nunca queda impune». Es una creencia muy reciente pensar que amor, sexo y matrimonio deben encontrarse unidos en la misma persona. No obstante, muchas personas así lo aceptan, aunque sea a costa de sufrir por no lograrlo. Es necesario decir alto y claro que este objetivo es muy difícil de alcanzar, aunque pueda ser posible lograrlo en determinados casos.

En el siglo pasado se inventó el matrimonio de amor basándose en la apuesta de unir la *intensidad* y la *duración* y en la creencia de que se puede levantar una vida familiar y conyugal sobre el *deseo* y la *pasión.*[60] Pero nuestros abuelos ya sabían que la sexualidad y la permanencia no iban juntas. Antes, uno se casaba por interés, y de forma más o menos sabida, amaba o practicaba el sexo fuera de la pareja. Ahora nos proponemos algo realmente difícil, aunque no imposible: matrimonio, amor y sexo con la misma persona... y toda la vida.

Matrimonio y amor son conceptos diferentes y no siempre pueden coincidir. El hecho de empecinarnos en ello está provocando que aumente el número de personas infelices y confusas. Parece ser que cada vez son menos las parejas que contraen matrimonio y menos las que consideran importante prometerse amor toda la vida. ¿Un ejercicio de realismo o de comodidad? Vamos a ver... ¿Realmente es honesto prometer sentimientos? En el ámbito del ritual del matrimonio: matrimonio-sociedad económica, matrimonio-contrato, matrimonio-sociedad emocional... la pareja promete amarse toda la vida o hasta que la muerte los separe.

El hecho es que nadie puede asegurar a otro la permanencia de un sentimiento, aunque pueda prometer conductas que guarden sus formas: *Te prometo que, incluso cuando ya no sienta*

---

60. Según Bruckner.

amor por ti, te seguiré respetando como persona y ser humano. Me preocuparé de tu bienestar y seguiré conviviendo contigo aunque mi corazón y mi deseo estén en otra parte. Te prometo compartir mi salario, mi cuenta corriente y mis posesiones, pasar mis vacaciones contigo, dormir en tu mismo lecho e, incluso, te prometo sexo una vez por semana. Si bien es posible faltar también a dichas promesas, puede ser más honesto hacerlas que la actual fórmula matrimonial. Es deshonesto prometer algo que no depende de nosotros. Podemos comprometer conductas, pero nunca sentimientos. Los sentimientos los sentimos, las conductas las podemos mantener y dirigir mediante nuestra voluntad. El matrimonio es un contrato que firmamos, el amor es un sentimiento que sentimos y que no cabe en ningún tipo de contrato ni seguro.

PAREJA SIN MATRIMONIO

> *El amor es un valor «refugio».*
>
> STEPHANE SANSONNEUS

¿Lo es? Prometerse en matrimonio no es lo mismo que prometerse amor. El amor no se puede prometer porque es un sentimiento independiente de la voluntad. El rechazo a la fórmula de matrimonio es una opción posible y, para determinadas personas, un acto de libertad. Aun así en muchas ocasiones la *pareja de hecho* es sólo una etapa previa a la formalización del matrimonio que continúa con el nacimiento de los hijos.

Actualmente hay un gran número de parejas que conviven, sin que ello suponga específicamente exclusividad o fidelidad. Cada pareja incluye dos mundos con distintos puntos de partida y compromisos diferentes que será preciso clarificar y concretar.

Sin la fórmula matrimonial, vivir con el otro ya no presupone la necesidad o la obligación de llegar al límite a la hora de resolver los problemas de convivencia, ni tampoco tener que *aguantar* determinadas actitudes egoístas o agresivas.

«Lo que Dios ha unido que no lo desate el hombre», la fórmula con la que se cierra el ritual religioso del contrato matrimonial, pierde sentido. Hombres y mujeres pueden decidir libremente separar sus caminos cuando estos divergen, entran en un conflicto irreconciliable o cuando el hecho de continuar juntos sea un atentado para la propia integridad. Salvar la relación *cómo sea* deja de ser el objetivo. Porque la relación de pareja no debería ser una finalidad por sí misma sino una elección de crecimiento personal y conjunto. De no ser así, si se convierte en una fuente de agresiones, de sufrimiento y desequilibrio, será necesario *desatarla*. Dos personas con el alma rota nunca formarán una pareja amorosa, por más casados que estén. Salvar una pareja a costa de uno mismo es una elección destructiva.

El éxito de la fórmula *pareja* no depende del contrato matrimonial sino de la capacidad de mejora, generosidad y conductas amorosas de las personas que la forman.

PAREJA SIN PROCREACIÓN

La educación no es sino un parto continuado.

JEAN LACROIX

Por el hecho de vivir en pareja o haber contraído matrimonio, no se debe deducir que los hijos van a ser una consecuencia, un logro o un factor que sirva para justificarla. Cuando una pareja que lleva conviviendo unos años no tiene hijos, puede ser sometida a una enorme presión social: *¿Para cuándo los niños? ¿Qué* *esperáis? ¿Cuándo nos haréis abuelos? ¿Tenéis algún problema? ¿Por qué no adoptáis un niño si no podéis tenerlo?* Se presupone que es casi una obligación de pareja procrear o educar niños.

La fórmula *pareja sin hijos* puede ser igualmente válida y es importante respetarla sin inmiscuirnos en su dinámica relacional. El problema no reside en tener o no hijos —esto es actualmente bastante fácil de conseguir—, la cuestión reside en elegir responsablemente educar y acompañar a los hijos en su crecimiento y maduración.[61] Este es, por sí mismo, un proyecto que requiere gran claridad mental y generosidad de corazón para ser emprendido con posibilidades de éxito. La decisión de ser o no ser padres ha de ser cuidadosamente valorada por la pareja. Supone asumir un elevado nivel de responsabilidad, inversión de tiempo, dedicación y afecto pero, sobre todo y muy especialmente, de compromiso de cada cual consigo mismo, con la pareja, con el hijo y con la sociedad.

Un hijo no debería ser, en ningún caso, un parche para cubrir agujeros o vacíos en la relación de pareja. Un hijo no debería ser una solución, ni una huida, ni un medio, ni un fin. Y, en caso de que para nosotros sea algo de esto, vamos a tener graves problemas. Seguro que no conseguiremos éxito ni como pareja ni como padres.

Una pareja sin hijos puede funcionar perfectamente si comparte un proyecto común. La energía que generan puede dirigirse a la acción creativa y a la mejora del mundo, participando en proyectos culturales, sociales, de mejora de condiciones de vida y salud, participación política o sindical, estudio o investigación. La generosidad y la conexión con el mundo son buenas bases para crecer conjuntamente.

---

61. Este tema será ampliamente tratado en el volumen II de la trilogía: *Ámame para que me pueda ir* (relaciones emocionalmente ecológicas entre padres e hijos).

Lo cierto es que pueden existir proyectos vitales que exijan tanta energía y dedicación, que muevan tanta pasión que se llegue a un punto en que se deba optar. Abstenerse de tener hijos puede ser tan válido y legítimo como elegir tenerlos, sobre todo si se hace con la responsabilidad y conciencia de proyecto que a veces falta en la opción de ser padres.

SOBRE LA CONFIANZA, LA FIDELIDAD Y LA LEALTAD

Mi táctica es ser franco
y saber que sos franca
y que no nos vendamos simulacros
para que entre los dos
no haya telón ni abismos.

MARIO BENEDETTI

FIDELIDAD: Cualidad de fiel. FIEL: Persona que no falta a aquello a que se ha comprometido con otro. La persona fiel es capaz de respetar un compromiso realizado en libertad. El compromiso es una obligación contraída por una promesa o por la palabra dada. La fidelidad no es un sentimiento, sino la actitud y la conducta que tomamos ante una realidad, a partir de un compromiso previo.

Fidelidad no significa amor, aunque lo acompaña. Significa coherencia con uno mismo, honestidad hacia el otro, respeto y lealtad. Sólo si somos capaces de ser fieles a la persona que somos en esencia, podremos comprometernos a ser fieles a nuestra pareja.

En la órbita de la fidelidad se mueven la confianza, la lealtad, la honestidad, la honradez, la coherencia y la sinceridad. Ser leal significa guardar la fidelidad debida, ser incapaz de traición. Ser honesto y honrado significa evitar acciones desleales y engaños. Ser sincero significa evitar la simulación y mostrar nuestro pensar y sentir centrándonos en la coherencia con nuestra realidad.

¿A qué y a quién somos fieles? ¿La fidelidad es un valor absoluto o bien es posible que, si la elección de nuestro objeto de fidelidad es errónea, se convierta en una fuerza destructiva? ¿Se debe guardar fidelidad a alguien a cualquier precio? ¿Es posible ser fiel a otra persona si, para serlo, dejamos de ser fieles a nosotros mismos y a lo que sentimos? ¿Se puede ser fiel a un sentimiento?

Nunca somos más listos que cuando justificamos nuestras resistencias —dice Erich Fromm—. El tema de la fidelidad suele simplificarse, trivializarse o sobredimensionarse. Tenemos una gran capacidad para construir mecanismos de defensa. El compromiso nos asusta, pero en la relación de pareja es un elemento indispensable.

Cuestión de confianza

El ave canta aunque la rama cruja, porque conoce lo que son sus alas.

JOSÉ SANTOS CHOCANO

La confianza es un sentimiento imposible de imponer. Decir: *Confía en mí*; o mandar: *Tienes que confiar en mí*, es algo absurdo por imposible. En lugar de insistir en esto sería más inteligente dialogar con nuestra pareja a partir de las preguntas siguientes: ¿Qué idea de confianza tenemos? ¿Qué acciones nos generan confianza y cuáles desconfianza? La confianza es una construcción difícil de levantar y muy fácil de hundir pero, al mismo tiempo, es la llave que permite acceder al otro. La confianza no nace por lo que decimos sino por lo que se desprende de la acción coherente. Una persona que mantiene equilibrado su eje mente-emoción-acción transmite seguridad y genera confianza.

—¿Confías en tu pareja? —se preguntó en un curso a varios participantes.

—Totalmente —dijeron la mayoría.

—¿Tenéis alguna posesión en común?

—Una casa, un apartamento, una cuenta bancaria... —fueron algunas respuestas.

—Entonces, si confiáis plenamente en ellos, mañana vais al notario y ponéis todas vuestras posesiones comunes a su nombre.

—¡Ni hablar! —fue la reacción general.

Lo curioso es que confían a su pareja todo su capital emocional y comparten con ella, en muchos casos, la responsabilidad de la educación y cuidado de sus hijos —material humano extremadamente delicado y sensible—, pero no la consideran lo suficientemente íntegra y honesta como para que sea justa a la hora de repartir los bienes comunes en caso de separación.

Entonces... o bien no confían realmente en ella o resulta que su escala de valores es bien confusa. La desconfianza parte, sobre todo, de la falta de conocimiento de uno mismo y de ignorar el «poder de las propias alas». La ignorancia sobre uno mismo genera inseguridad en el propio criterio y acierto a la hora de elegir a la persona con la que van a compartir su vida.

Se puede ser fiel a muchas cosas

En una comunidad espiritual, el maestro hizo llamar a uno de sus discípulos y le anunció:

—Con todo el cariño debo decirte que he decidido pedirte que te vayas de aquí.

—Pero ¿por qué? —preguntó el joven extrañado.

—Por fidelidad.

—¿Por fidelidad?

—Sí, por haber sido extraordinariamente fiel —explicó el mentor.

Indignado y dando gritos, el discípulo protestó:

—¡Esto es increíble! Es la primera vez en el mundo que expulsan a alguien por fidelidad.

—Por tu fidelidad —dijo el maestro— durante muchos años. Tu fidelidad al embuste, la holgazanería, la irritabilidad, la descortesía, la negligencia y la vanidad. Nadie ha sido tan fiel como tú, amigo mío.

Fidelidad y monogamia

La infidelidad que más tememos es el cambio.

ADAM PHILLIPS

«El ser humano es un animal polígamo que se ha empeñado, a lo largo de su historia, en hacerse monógamo».[62] MONOGAMIA: Unión de un solo macho con una única hembra. Fidelidad sexual y monogamia son dos conceptos que van unidos porque culturalmente los hemos unido. Es interesante plantear

---

62. José Antonio Marina.

que, en la especie humana, la monogamia no es algo impuesto por la biología sino por la cultura. En algún momento ha sido necesario garantizar la crianza de los hijos y crear núcleos familiares estables. José Antonio Marina considera que la mujer ha influido mucho en la sentimentalización del sexo puesto que su subsistencia dependía de que hubiera un hombre cerca. Pero ¿acaso hoy en día es así? Habiendo cambiado las condiciones socioculturales y económicas de la mujer, una vez realizada con éxito la crianza de los hijos... ¿la monogamia debería ser una opción o bien una obligación?

La infidelidad es un concepto que va ligado tanto al de sinceridad como al de sexualidad, aunque es precisamente este último quien le da todo su peso. En nuestro contexto, ser infiel se relaciona automáticamente con la idea de infidelidad sexual, con el *no respeto* a la monogamia, con ir «a escondidas», con mentir y engañar.

Mi pareja me ha engañado, se dice. Y todos interpretan que el engaño se refiere a que ha tenido otra pareja sexual. En pocos casos se interpreta engaño como falta de sinceridad o de honestidad en la relación.

No existe engaño si en la relación de pareja el marco de relación está bien definido y se respeta. Tampoco lo habrá si la comunicación es sincera. Si existe el compromiso de guardarse mutuamente fidelidad sexual y uno desea cambiar esta cláusula relacional, así debe expresarlo al otro, con sinceridad y claridad. Así actúa de forma honesta y permite que su pareja pueda elegir libremente aceptarlo o no. Siempre habrá algún precio a pagar pero, en todo caso, no habrá engaño.

El problema surge cuando, a fin de evitar pérdidas que no se quieren asumir, se engaña al otro en un intento de *tener lo mejor de ambos mundos*. Ahí empieza la deshonestidad, el sufrimiento y la infidelidad. Tampoco es lo mismo ser fiel a alguien porque se elige serlo, que serle fiel por miedo a ser castigado o a pagar un precio si es descubierto. En el primer caso la conducta es coherente y se es fiel a uno mismo; en el segundo caso, no se es fiel a uno mismo y sólo aparentemente a la pareja.

La letanía del monógamo

Si soy fiel, ella lo será. Pero si no lo es...
Si soy infiel, ella lo descubrirá.
Pero si no lo descubre...
Si no puedo soportar los celos,
seré su esclavo y su amo.
Pero si puedo seré su...
Si consigo dejar de sentirme culpable,
podré hacer lo que quiera.
Pero si dejo de sentirme culpable querré...
Si puedo guardar un secreto, soy libre.
Pero si necesito guardar un secreto, soy...
Si tengo que escoger, perderé algo.
Pero si no tengo que escoger...
Sí, pero si entonces...: la letanía del monógamo.[63]

Triángulo isósceles

Un abogado, Arsenio Portales, lleva doce años de casado con la ex actriz Fanny Araluce. En cuanto contrajeron enlace, él le exigió que abandonase las tablas. Estaba celoso de todos esos personajes que en escena la abrazaban y besaban.

Y además supo agregar el siguiente argumento:

---

63. Adam Phillips, *Monogamia*. Anagrama, 1998.

—No creo que tengas las imprescindibles condiciones para triunfar en el teatro. Sos demasiado transparente. En cada uno de tus personajes siempre estás vos; precisamente allí donde debería estar el personaje... El verdadero actor debe ser opaco.

Fanny se sometió a su esposo por amor.

En el ínterin, el abogado —cosas que pasan— cultivó una relación clandestina con una mujer apasionada, carnal, contradictoria, en fin, atractiva. A tal efecto alquiló algo que con cariño denominaremos «un bulín» cerca de casa, por algún motivo oscuro.

La amada oculta y fascinante se llamaba Raquel. Con ella Portales revivía. Al cumplir dos años de furtivo amor él le regaló, expresamente importado de Italia, un collar de pequeños mosaicos florentinos. Y ella, una corbata de seda multicolor.

Ella se emocionó con aquel collar y fue al baño a ponérselo. Pero se demoró más de lo esperable. Él le preguntó si estaba bien; ella dijo que sí, que no se preocupara.

Cuando salió, Portales la contempló estupefacto:

—¡Fanny! ¿Qué haces aquí?

—¿Aquí? —subrayó ella—. Pues lo de todos los martes, querido. Venir a verte, acostarme contigo, quererte y ser querida.

Él no atinaba a abrir la boca. Ella explicó:

—Arsenio, soy Fanny y también Raquel. En casa soy tu mujer Fanny de Portales, pero aquí soy la ex actriz Fanny Araluce. O sea que en casa soy transparente y aquí soy opaca, ayudada por el maquillaje, las pelucas y un buen libro, claro.

En fin, que él traicionaba a su mujer con la misma mujer, si es que se entiende. Y ella, por tanto, no puede eludir el planteo:

—Tras dos años de doble vida, tenés que elegir. O te divorcias de mí, o te casas conmigo. No estoy dispuesta a seguir tolerando esta ambigüedad.

Él se quedó hundido en el sillón y en el pensamiento. Ella anunció:

—Después de este éxito dramático, después de dos años con esta obra en cartel, te anuncio solemnemente que vuelvo al teatro.

Portales, al fin del relato, toma conciencia y dice:

—Me has engañado.

Se siente francamente mal. Las reglas del juego se han desvirtuado completamente. Iban contra toda lógica del tercero excluido. O lo uno o lo otro. Pero aquí lo uno implicaba siempre lo otro. En fin, el hombre estaba en un atolladero y por cierto que aún debe estar en algún lugar meditando cómo se hace para elegir en un mundo que no respeta regla alguna.[64]

Nadie es dueño de nadie

No se trata de lo que creemos, sino de que creamos. Lo que importa no es a quién somos fieles, sino que seamos fieles. La fidelidad no siempre tiene por objeto una persona concreta.

ADAM PHILLIPS

Nadie pertenece a nadie. La pretensión de diluirse o mezclarse con el otro está encaminada al fracaso o a la autodestrucción. Al hablar de fidelidad debemos empezar aclarando que, en pri-

---

64. Relato de Mario Benedetti.

mer lugar, y ante todo, uno debe ser fiel a sí mismo. ¿Acaso podemos ser fieles a otro si dejamos de ser nosotros mismos? ¿Podemos ser fieles si renunciamos a ser quienes somos por comodidad, para evitarnos problemas o dolor o para convertirnos tan sólo en acompañantes de otra persona? Ser fieles significa, en primer lugar, actuar de acuerdo a nuestro más profundo sentir y a nuestra ética personal.

> *El quid de la cuestión no era que Alice no confiase en Eric, sino que no se consideraba a sí misma una persona capaz de inspirar la lealtad del afecto de otra persona por lo menos durante un período dilatado de tiempo.*[65]

Para ser fieles debemos ser valientes. Ser fieles a nosotros mismos será la mayor fuente de valor. En el fragmento anterior Alice no puede confiar en su pareja porque es incapaz de confiar en sí misma, su autoestima es baja e ignora su valor como ser humano. Esta relación fracasará si Alice no crece y madura. Está claro que también seremos incoherentes y deshonestos si intentamos guardar fidelidad al otro dejando de ser fieles a nosotros mismos. La coherencia interna es un componente de la fidelidad bien entendida.

Ya hemos mencionado que al hablar de fidelidad en la pareja casi todo el mundo entiende que nos referimos a la fidelidad sexual, pero ¿se puede hablar también de fidelidad emocional?

La respuesta es que no puede haber fidelidad emocional en el sentido de comprometernos a mantener determinada emoción puesto que no elegimos lo que sentimos y no depende de la voluntad. Podemos guardar, en cambio, *fidelidad emocional hacia el otro* si le expresamos a cada momento la realidad de nuestro sentimiento, sea el que sea.

---

65. Alain de Botton. *El placer de sufrir.* Ediciones B, 1996.

Existe también la *fidelidad emocional hacia uno mismo*. Si, por ejemplo, dejamos de sentir amor y lo que sentimos es indiferencia o bien desprecio, sería una gran infidelidad hacia nosotros mismos no obrar en consecuencia. Es necesario que la acción y nuestro planteamiento de realidad vaya entrando en línea con lo que sentimos en verdad. De no hacerlo así seremos infieles por incoherentes.

La incoherencia también puede darse entre lo que pensamos o creemos y lo que sentimos y hacemos. Y es que la aceptación intelectual de un planteamiento lógico y bien fundamentado no significa que este se incorpore como una creencia propia, ni tampoco que induzca a la acción coherente. Uno puede tener clarísimo que no es ni puede ser dueño de otra persona, que forma parte de la libertad de ésta decidir con quién relacionarse y en qué nivel de intimidad. Puede aceptar intelectualmente que el otro no le debe más explicación que la que le quiera dar o que tiene el derecho al silencio y al misterio. Puede compartir la idea de que forma parte de la libertad de cada persona administrar sus espacios y decidir, en cada momento, qué parte de sí mismo va a compartir y qué parte se reserva. A nivel intelectual o conceptual podemos aceptar estos y muchos otros principios. Pero ¿qué ocurre si pasamos de la teoría a la práctica?

De la teoría a la práctica

Una manera de querer a los demás es reconocer que tienen deseos que nos excluyen, que es posible amar y desear a más de una persona al mismo tiempo.

ADAM PHILLIPS

Dentro de la relación de pareja es preciso hablar mucho de los significados que cada uno da al concepto de fidelidad, entendiendo que en esta comunicación se dirá al otro la verdad, no sólo sobre lo que se piensa sino, y muy especialmente, sobre lo que se siente acerca de ello. Es imprescindible obrar en coherencia con uno mismo para no aumentar el conflicto personal y de pareja.

La comprensión intelectual de que no podemos ser la única fuente de deseo de nuestra pareja, y de que es posible amar a más de una persona al mismo tiempo, no nos va a librar de la posibilidad de sentir un dolor físico y emocional profundo si nuestra pareja elige mantener relaciones de intimidad sexual o emocional con otras personas. Aun sabiendo —intelectualmente— que la exclusividad afectiva no es sana y que es bueno que una persona ame a muchas más, podemos vivir con dolor dichas situaciones cuando se convierten en realidades.

Los celos derivados de nuestra propia inseguridad, de nuestra falta de generosidad, autoengaño o incoherencia hacen su aparición. El miedo, el sentimiento de haber sido traicionado, el desasosiego y la tristeza son la antesala de un duelo por alguien que podemos perder... pero ¿acaso no hemos dicho antes que no se posee a nadie? ¿Se puede perder lo que no se posee? Lo sabemos, pero lo cierto es que una cosa es la mente y otra la afectividad. Nuestra incoherencia nos divide y nos sentimos dolidos.

El dilema que se plantea es el siguiente: o bien somos poco honestos afirmando que creemos que no poseemos a nuestra pareja y que no es propiedad nuestra, o bien somos cobardes, inseguros y poco generosos para aceptar las consecuencias prácticas de su libertad. Ninguno de los dos casos es bueno para nuestra autoestima. De hecho, muchas personas sexualmente infieles no son capaces de reconocer este mismo derecho a su pareja. Si bien ellos se sienten libres de dejar afuera a las personas que dicen amar, no aceptan, en ningún caso, ser ellos los excluidos. De todas formas, si no queremos compartir sexualmente a nuestra pareja, debemos manifestarlo de forma clara y firme. Tenemos el derecho de elegir y, por consiguiente, nuestra pareja también. Si con sinceridad y valentía expresamos cuál es nuestra realidad, podemos dialogar y valorar conjuntamente si los caminos de ambos son compatibles. Así podremos prevenir futuros conflictos debidos a que las cosas importantes no se hablan, o bien se hablan pero sin coherencia de mente y de corazón.

Nuestra experiencia sobre este tema es que, en algunos casos, puede provocar mayor dolor el engaño emocional continuado que una infidelidad sexual puntual. Esta se puede entender y aceptar mejor que el hecho de que durante muchos años la pareja haya mantenido una vida emocional paralela y escondida, mostrándose como realmente no era, por miedo a perder su *statu quo*. Lo que más se recrimina a sí mismo quien ha padecido una infidelidad es su propia incapacidad para darse cuenta del engaño. Cuando toma conciencia de ello, puede dirigir la agresividad hacia sí mismo y al dolor de la infidelidad de la pareja añadir el sufrimiento, aún mayor, debido a su ignorancia, candidez y descuido hacia sí mismo. Puede sentir que se ha fallado por no haber sido capaz de protegerse, además de culparse de no haber sabido conservar su relación de pareja. Se odia a sí mismo por haberlo hecho tan mal.

¿Pareja «abierta»?

La vida puede ser algo extraordinario en su movimiento mismo, precisamente ese movimiento que es lo nuevo y que nosotros rechazamos. Este movimiento es la libertad.

KRISHNAMURTI

Si ya es difícil construir una relación de pareja sólida y creativa entre dos personas, ¿qué puede ocurrir si se plantea el tema de la pareja abierta? ¿Es posible convivir equilibrada y amorosamente con una persona —compartiendo espacio físico, cotidianidad, incluso hijos— y a la vez mantener sincrónicamente relaciones íntimas, afectivas o sexuales, con otras personas con todo lo que ello implica de dedicación o inversión afectiva?

Es algo parecido a hacer malabarismos. Si ya es difícil manejar y hacer crecer bien una relación de pareja es posible que, si introducimos más elementos en el sistema relacional, corramos el riesgo de que se altere esta frágil y delicada dinámica, dejando de fluir bien el engranaje afectivo. No obstante, el hecho es que algunas parejas, aunque pocas, consiguen mantener un correcto nivel de equilibrio utilizando esta fórmula. No es posible generalizar en ningún caso, aunque queremos hacer algunas observaciones al respecto.

En primer lugar, una persona no es una *bola malabar* a la que podamos manejar sin contar con ella: tiene mente y sentimientos propios, todo un universo mental y afectivo rico, misterioso y, en buena parte, desconocido. El ejercicio malabar no dependerá de que uno de los miembros de la pareja lo vea claro, sino de los dos y también de los demás elementos humanos que intervengan en esta ecuación afectiva. Aunque mantener una pareja abierta sea decisión de los dos, es importante tener en cuenta que puede haber muchos aspectos que no se podrán controlar y que pueden surgir inesperadamente.

La honestidad será esencial a la hora de plantear este tema. Y nos referimos en primer lugar a la honestidad con uno mismo, que no se basa en un planteamiento puramente intelectual sino en un profundo autoconocimiento, ¿qué queremos realmente, qué somos capaces de aceptar y qué no? ¿Qué podemos integrar y qué no nos es admisible? Debemos conocernos lo suficiente para saber si esta fórmula de pareja abierta va a suponer crecimiento o sufrimiento y dolor profundo para nosotros, así como si seremos capaces de gestionar las emociones que se generen sin autodestruirnos.

Es importante marcar claramente los límites de autoprotección y también ser muy sinceros expresando a nuestra pareja no tanto lo que pensamos al respecto —comprensión intelectual— sino, especialmente, lo que sentimos. Es esencial no perder de vista la importancia de ser coherentes con nosotros mismos. En caso de no hacerlo así, se va a producir una fractura interna que va a acabar con la relación que —al aceptar esta fórmula sin quererlo en realidad— deseábamos proteger.

Proponemos algunas líneas de reflexión y trabajo para poder gestionar más adaptativamente esta situación, si uno o ambos miembros de la pareja se lo plantean:

— Trabajar el autoconocimiento, la honestidad, la generosidad y la capacidad para vivir el presente. Conectarse en primer lugar con uno mismo.
— Mejorar e incorporar nuevas relaciones personales en nuestra vida sin centrar toda nuestra vida afectiva en la pareja.
— Comunicarnos con la pareja a nivel afectivo, sin juzgarnos, a fin de mantener las líneas abiertas.
— Si los planteamientos de ambos son diametralmente opuestos en lo que se refiere a esta cuestión, el hecho de que uno ceda a la demanda del otro será sólo fuente de dolor y resentimiento. Plantearse finalizar la relación puede ser más inteligente.

La inversión afectiva que requiere construir una pareja emocionalmente ecológica es tan grande que debe ser cuidadosamente valorado el impacto que va a suponer introducir a nuevas personas en esta *ecuación relacional*.

No es lo mismo mirar que ver. Mirar es volver los ojos hacia afuera para que la luz nos traiga formas y colores; ver es aceptar esa percepción y acomodarla en el interior, mezclarla con lo que somos, pensamos y recordamos, lo que estamos sintiendo en ese momento. Tal como eres, sólo así puedes ver.

LUIS RACIONERO

Dice el sabio que el universo es como una caja fuerte que se abre con una combinación. El problema reside en que la combinación está dentro de la caja fuerte.

Una persona entra en una habitación que se halla a oscuras. Una vez dentro cree ver una gran serpiente. Del susto, tiene un ataque de corazón y muere.
Una segunda persona entra en la misma habitación. Antes de entrar, enciende la luz. Observa que dentro hay una enorme cuerda enrollada y una persona tendida en el suelo, a su lado.

Cuando el espejo se rompe no sirve de nada pegar los pedacitos. Un espejo así va a dar una imagen totalmente distorsionada del que se ponga delante. Si comparamos la relación de pareja basada en el amor y la confianza a un espejo, la infidelidad —en todas sus gamas: engaño, traición, deshonestidad, deslealtad— es la ruptura del mismo. Reunir los pedazos de una relación que ha quedado hecha añicos y pegarlos no dará un buen resultado. El espejo queda con tara, nunca más será el mismo. No nos gustará la imagen distorsionada que nos devuelve al mirarnos en él.

Es necesario «encender la luz» antes de actuar. La luz es el conocimiento de uno mismo. Valorar qué sentimos, qué pensamos y qué deseamos realmente en nuestra vida y qué no. Y a la luz del conocimiento plantearnos nuestra libertad. «Libertad es la diferencia entre dos monosílabos: SÍ y NO», dijo Octavio Paz. Si decimos SÍ a nuestra relación de pareja, después de que haya habido una infidelidad al compromiso mutuo, debemos ser conscientes que el trabajo que nos espera será arduo, aunque posible. Ya no se tratará de pegar los trocitos que queden de la relación, sino de *refundir* los pedazos rotos con mucho amor. El amor va a ser capaz de volver a alisar la superficie del espejo. Gracias a su poder la imagen que nos devolverá podrá volver a ser nítida y perfecta.

Con la luz encendida

> *Valorar es crear. ¡Tomad nota de ello, hombres creadores! El valorar mismo es el tesoro y la gema de todas las cosas valoradas. Sólo en cuanto se valora existe valor. Si no se valorase, la nuez de la existencia estaría vacía. ¡Tomad nota de ello, hombres creadores!*
>
> FRIEDRICH NIETZSCHE

Nuestro problema más complicado es vivir y nuestra creación más eficaz, más inteligente y ecológica será hallar aquella fórmula, individual e intransferible, que nos permita vivir de forma más sabia y armónica.

Si nos abrimos a la luz del conocimiento evitaremos la confusión y el caos amoroso. Hay algunos caminos en esta cartografía emocional de la vida en pareja que creemos que es necesario conocer y explorar. A modo de ejemplo, apuntamos unas líneas:

— Para confiar en otro ser humano primero debemos ser capaces de confiar en nosotros mismos.

— La confianza se asienta en el conocimiento propio y en el de la persona que nos acompaña.

— La fidelidad no es, por sí misma, un valor a defender. Se puede ser fiel a muchas cosas: al embuste, a la irritabilidad, a la descortesía, a la negligencia... cuando nos pidan fidelidad debemos concretar *fidelidad a qué y a quién*.

— El compromiso es esencial para construir una relación de pareja. Es importante concretar bien a qué nos comprometemos.

— Hay muchos tipos de engaño, no sólo el sexual. El peor de todos es el engaño y la infidelidad hacia uno mismo, fruto de nuestra incoherencia y de nuestra incompetencia para cuidarnos.

— Nadie nos pertenece. Relacionarnos en libertad es la única posibilidad para crecer juntos.

— No hay fórmulas de relación únicas. Cada pareja puede pactar y crear los marcos en los que ambos van a crecer. El diálogo y la negociación constantes mantendrán activa y viva la relación.

— Tenemos el derecho a elegir continuar o cerrar una relación. Elegir lo que nos abre en lugar de lo que nos cierra o nos entierra, elegir caminos abiertos en lugar de lo que nos pone contra la pared es nuestra responsabilidad indelegable. Sabremos que nuestra elección es emocionalmente ecológica cuando la alegría esté presente en nuestra relación.

No es posible ni deseable intentar poner diques al amor. Porque al final del camino, de nuestro corazón saldrán todos los nombres que justificarán nuestro paso por el mundo: los de todas las personas que hemos amado en libertad y sin ataduras, pero con compromiso y responsabilidad. Sólo con este tipo de amor habremos entrelazado nuestros hilos de afecto y participado en la creación de un hermoso tapiz relacional.

Nuestra propuesta es avanzar en el camino de un amor vivido en libertad, que nos permita *volar juntos, pero nunca atados.*

> *Juega a perder el miedo y escribe en cualquier pared de tu casa todos los nombres que han llenado de luz tu vida, para decirlos uno a uno y no sentirte nunca ni abandonado ni solo.*

MIQUEL MARTÍ I POL[66]

---

66. *La trampa. Un invierno plácido.* (Traducción de los autores.)

8

OTRAS VISIONES

Nadie puede asegurar a otro la permanencia
de un sentimiento, aunque pueda prometer
conductas que guarden sus formas.

El matrimonio es un contrato que firmamos, el
amor es un sentimiento que sentimos y que no
cabe en ningún tipo de contrato ni seguro.

Hombres y mujeres pueden decidir libremente
separar sus caminos cuando estos divergen,
entran en conflictos irreconciliables o son
un atentado para la propia integridad.

Salvar la relación como sea deja de ser el objetivo.
Dos personas con el alma rota nunca formarán
una pareja amorosa por más casados que estén.
Salvarse uno mismo es el objetivo superior.

Ser fieles significa, en primer lugar, actuar de acuerdo a
nuestro más profundo sentir y a nuestra ética personal.

EPÍLOGO

Un amor esencial
un camino del yo al nosotros,
territorios, límites y fronteras
que nos abren y nos cierran,
exploración constante...

Del caos amoroso
al amar generoso,
puertas y ventanas del alma
que sólo el buen amor
puede abrir.

¿Quién dijo «fácil»?
Aventura es riesgo,
riesgo es vida
y sólo alguien vivo
puede amar.

M. MERCÈ CONANGLA
Y JAUME SOLER

BIBLIOGRAFÍA

ALBERTARIO, A. y Feslikenian F. *Proverbios chinos.* De Vecchi, Barcelona, 2003.

ALBOM, Mitch. *Dimarts amb Morrie.* Empúries, Barcelona, 2004.

AMIS, Martin. *Campos de Londres.* Editorial Anagrama, Barcelona, 1991.

ANDERSEN, Hans Christian. *El caracol y el rosal.*

AUSTER, Paul. *La habitación cerrada.* Anagrama, Barcelona, 2002.

AYLLON, J. R. *Luces en la caverna.* Martínez Roca, Madrid, 2001.

BARYLKO, Jaime. *Vivir y pensar.* Emecé, Barcelona, 1999.

BARYLKO, Jaime. *En busca de uno mismo.* Emecé, Barcelona, 1999.

BENEDETTI, Mario. *El mundo que respiro.* Visor, Madrid, 2001.

BENEDETTI, Mario. *Insomnios y duermevelas.* Colección Visor de Poesía, Madrid, 2002.

BOTTON, Alain de. *Las consolaciones de la filosofía.* Taurus, Madrid, 2000.

BOTTON, Alain de. *El placer de sufrir.* Ediciones B, Barcelona, 1996.

CALLE, Ramiro. *El libro de la felicidad.* Martínez Roca, Madrid, 1996.

COMTE-SPONVILLE. *La felicidad,* desesperadamente. Paidós Contextos, Barcelona, 2001.

COMTE-SPONVILLE, André. *El amor, la soledad.* Paidós Contextos, Barcelona, 2001.

COMTE-SPONVILLE, André. *Invitación a la filosofía*. Paidós Contextos, Barcelona, 2002.

CONANGLA, Marín, M. Mercé. *Cómo superar y convivir con las crisis emocionales*. Amat, Barcelona, 2002.

EVTUICHENKO, Eugueni. *Quasi al final*. Edicions 62, Barcelona, 1999.

DELIBES, Miguel. *Señora de rojo sobre fondo gris*. Destino, Barcelona, 2003.

FILISSIADIS, Antoine. *Va au bout de tes rèves*. Souffle d'or Eds. París, 1998.

FLEURQUIN, Veronique. *Diccionari dels sentiments*. Pirene, Barcelona, 1995.

FREIRE, Espido. *Primer amor*. Ediciones Temas de Hoy, Madrid, 2000.

FRANKL, Viktor. *L'home a la recerca de sentit*. Edicions 62, Barcelona, 2005.

FROMM, Erich. *El amor a la vida*. Paidós, Barcelona, 1994.

FROMM, Erich. *El arte de amar*. Paidós, Barcelona, 2004.

FROMM, Erich. *El arte de escuchar*. Paidós, Barcelona, 2003.

FROMM, Erich. *La patología de la normalidad*. Paidós, Barcelona, 2002.

GALEANO, Eduardo. *Las palabras andantes*. Siglo XXI, Madrid, 2004.

GALEANO, Eduardo. *El libro de los abrazos*. Siglo XXI, Madrid, 2005.

GIBRAN, Khalil. *Obras completas*, Edicomunicación, Barcelona, 1982.

GOLEMAN, Daniel. *Inteligencia emocional*. Kairós, Barcelona, 1996.

HESSE, Hermann. *Demian*. Editorial Proa, Barcelona, 2004.

HUSTVEDT, Siri. *Todo cuanto amé*. Editorial Circe, Barcelona, 2003.

JODOROWSKY, Alejandro. *Sombras al mediodía*. Dolmen, Argentina, 2000.

KAPLEAU, Philip. *El renacer budista*. Árbol editorial, México, 1990.

KHEMA, Ayya. *La isla interior.* Ediciones Oniro, Barcelona, 2003.

KIERKEGAARD, Sören. *Diario íntimo.* Planeta, Barcelona, 1993.

KRISHNAMURTI. *La libertad primera y última.* Kairós, Barcelona, 1998.

KRISHNAMURTI. *La libertad interior.* Kairós, Barcelona, 1993.

KUNDERA, Milan. *La ignorancia.* Tusquets Editores, Barcelona, 2000.

MACHADO, Antonio. *Poesías completas.* Austral, Madrid, 1963.

MARINA, J. Antonio. *Diccionario de sentimientos.* Anagrama, Barcelona, 2000.

MARINA, J. Antonio. *El laberinto sentimental.* Anagrama, Barcelona, 2005.

MARINOFF, Lou. *Más Platón y menos Prozac.* Ediciones B, Barcelona, 2000.

MARTÍ I POL, Miguel. *Primer llibre de Bloomsbury.* Edicions 62, Barcelona, 1995.

MARTÍ I POL, Miguel. *Un hivern plácid.* Edicions 62, Barcelona, 1994.

MÁRQUEZ, Eduard. *Cinc nits de febrer.* Quaderns Crema, Barcelona, 2000.

MELLO, Anthony de. *La oración de la rana.* Salterrae, Santander, 1998.

MILLER, Henry. *Los libros de mi vida.* Mondadori, Barcelona, 1998.

MIRET MAGDALENA, Enrique. *Contra la credulidad.* El País, 16 de junio de 2001.

MONTERO, Rosa. *La hija del caníbal.* Espasa-Calpe, Madrid, 2003.

MORIN, Edgar. *Amor, poesía, sabiduría.* Seix Barral, Barcelona, 2003.

NIETZSCHE, Friedrich. *Obras Completas.* Edicomunicación, Barcelona, 1988.

OZ, Amos. *El mismo mar.* Siruela, Madrid, 2002.

PESSOA, Fernando. *Libro del desasosiego.* El Acantilado, Barcelona, 2002.

PHILLIPS, Adam. *Monogamia*. Anagrama, Barcelona, 1998.

PINKOLA-ESTÉS, Clarissa. *Mujeres que corren con lobos*. Ediciones B, Barcelona, 2001.

RACIONERO, Luis. *La sonrisa de la Gioconda*. Planeta, Barcelona, 2004.

RISO, Walter. *Amar, ¿Amar o depender?* Granica, Barcelona, 2004.

RISO, Walter. *Ama y no sufras*. Granica, Barcelona, 2005.

ROJAS, Enrique. *La conquista de la voluntad*. Temas de Hoy, Madrid, 2003.

ROMÁN, M. Teresa. *Reflejos del alma*. Aldebarán Ediciones S. L., Madrid, 1998.

RUIZ-DOMÉNEC, José Enrique. *La ambición del amor: Historia del matrimonio en Europa*. Aguilar, Madrid, 2003.

SAINT-EXUPÉRY, Antoine. *El principito*. Salamandra, Barcelona, 1999.

SAMPEDRO, José Luis. *Monte Sinaí*. Plaza y Janés, Barcelona, 1998.

SAVATER, Fernando. *El contenido de la felicidad*. Aguilar, Madrid, 2002.

SAVATER, Fernando. *Ética para Amador*. Editorial Ariel, Barcelona, 2004.

SINAY, Sergio. *Las condiciones del buen amor*. Del Nuevo Extremo, Buenos Aires, 2000.

SINAY, Sergio. *El arte de vivir en pareja*. RBA, Barcelona, 2005.

SOLER, J. y Conangla M. *Donar temps a la vida*. Pleniluni, Barcelona, 2001.

SOLER, J. y Conangla M. *La ecologia emocional*. Amat, Barcelona, 2003.

SOLER, J. y Conangla M. *Aplícate el cuento*. Amat, Barcelona, 2004.

STORR, Anthony. *Soledad*. Editorial Debate, Barcelona, 2001.

TAGORE, Rabindranath. *Obras completas*. Edicomunicación, Barcelona, 1988.

TAHAR BEN, Jelloun. *Elogi de l'amistat*. Empúries, Barcelona, 2000.

TAMARO, Susanna. *Tobías y el ángel*. Grijalbo Mondadori, Barcelona, 1998.

THICH, Nhat Hanh. *Vivir el budismo*. Kairós, Barcelona, 2000.

TSRUYÁ, Shalev. *Marido y mujer*. Galaxia Gutenberg, Barcelona, 2001.

WEINER, David. *El idiota interior*. Vergara, México, 2002.

ZWEIG, Stefan. *Veinticuatro horas en la vida de una mujer*. Orbis, Barcelona, 1985.